東京の庭

青梅〜奥多摩　小さな旅

cocon制作室

けやき出版

東京の庭へようこそ。

現在は廃校になってしまった
旧小河内小学校の校庭にて。
ふと見上げた空の広いこと！

奥多摩駅からむかし道を
たどってきたハイライト！
奥多摩湖の雄大な眺めに
ちょっとした達成感を味わう。

Rainbow Leafさんの工房にて。
凛としたガラス作家さんの下では、植物も
すっとのびてゆくよう。

ｎｏｃｏさんのお店から外を
眺めれば、百日紅と夏の空。

青梅・奥多摩ではどこも柚子が
鈴なり。冬の元気の素です。

はじめに

青梅や奥多摩ってどんなとこ？

そう聞かれると、困ってしまう。ひとくくりにされることが多いこのエリアだけど、ひとことでは言い切れないのだ。

青梅線の始発、立川駅から30分ほどで着く青梅にはレトロでのんびり世間話ができる商店街が広がる。ちょっと行けば多摩川や青梅丘陵で気軽にハイキングもできるし、新緑やわらかな5月に賑わう青梅大祭や、最近始まった定期的なマルシェも楽しみ。そんな青梅から電車で西へと足をのばせば、ひと駅ごとに緑が深まり、心ほぐれる風景が広がっていく。多摩川を挟む山あいに人々が暮らす町が連なり、その間を駆け抜ける車窓から覗くことのできる景色は、そんな地形の面白さを見事に垣間見せてくれる。刻々と変わる景色を楽しんでいるうちに青梅線の終点、奥多摩駅に着けば、そこはもう、深い深い自然が広がるワイルドゾーン。でも都心からも電車1本で、日常のすぐそばに感じられるのがポイント。そう、

cocon制作室の図書室から

フリーペーパーという形態で主に奥多摩エリアを中心に冊子を手がけてきました。ホームページにて中身をのぞくことができます。

http://www.coconcocon.com

▼東京の庭 01 ～ 03
「ガイドブックに載っていない」をキーワードに、自分たち目線で奥多摩の魅力を紹介したフリーペーパー。

◀東京の庭 baum 01 ～ 02
青梅から奥多摩で目にする山・木のことを知りたくて、多摩産材を追いかけリポート。

ここ青梅～奥多摩はまるで「東京の庭」のようなエリアです。

ガイドブックに載ってることだけじゃない、ここは暮らしのなかに、すごく発見のしがいがあるちいさな路地がたくさんある。住んでる人も当たり前すぎてふだんはなかなか意識にのぼらない、いいところ。だから、困ってしまうのだ。ここに来てくれたら、わかるんだけどなあ、って。

私たちｃｏｃｏｎ制作室は、そんな、素敵な庭のようなこのエリアを紹介した遊び気分いっぱいのフリーペーパーを制作してきました。今回は青梅線にフォーカスをあて各駅停車で旅するように、私たちがふだん見ている風景をご案内します。

こちらへ遊びに来たことがない方にも、また、ここに暮らしている方にも、「あら、こんなとこだったかしら」「うんうん、こんなとこだったよね」と、今まで気付かなかった魅力＆再発見をお届けできたら嬉しいです。

それでは、青梅線で巡る「東京の庭」の旅、出発です！

タエコ
よく行く場所：釜の淵公園
好きなスポット：御岳渓谷遊歩道
地元の好物：nocoのパン

サホリ
よく行く場所：和菓子屋と骨董屋
好きなスポット：梅郷～御岳エリア
地元の好物：紅梅苑の青梅葛きり

▲たまものシリーズ
「おくたま郷土料理のつくり方」
奥多摩に暮らす方の発案で発行された、地域情報誌のシリーズ。奥多摩のお母さんたちがふだん作っているお料理を教えてもらい、１冊の本にまとめました。

CONTENTS

ACCESS

JR中央線　立川駅から青梅線（直通電車が便利です）

新宿
中央線
約60分
立川
青梅線
青梅
約35分
奥多摩

※青梅駅から奥多摩駅間の電車は通常1時間に2本程度

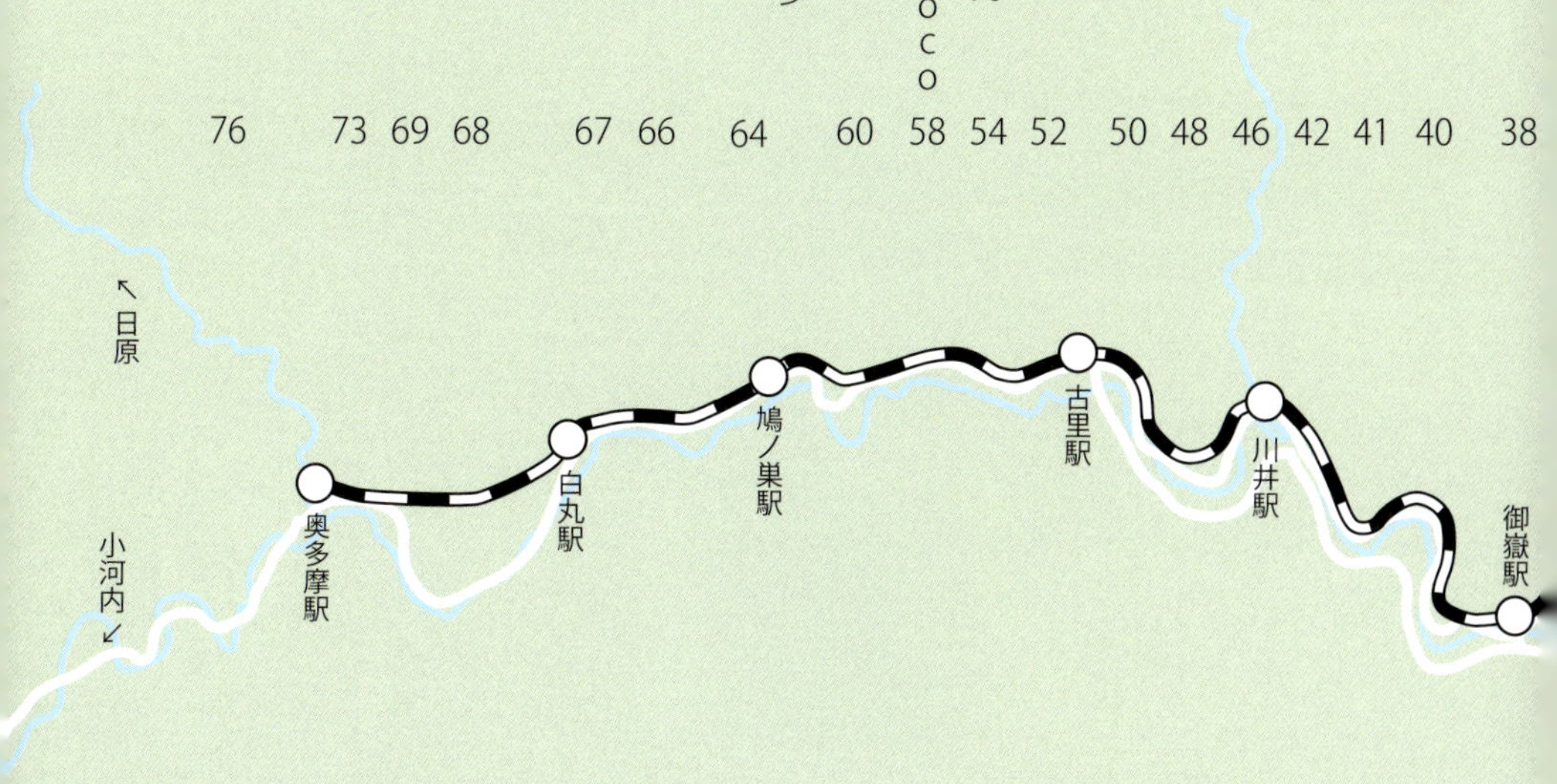

日原
小河内
奥多摩駅
白丸駅
鳩ノ巣駅
古里駅
川井駅
御嶽駅

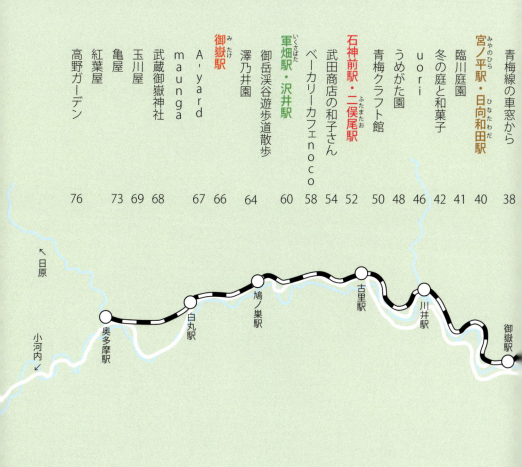

河辺駅

KABE STA.

ショッピングセンターや日帰り温泉、図書館やスーパーが展開する青梅の中心街。
そんな駅の、朝の顔。皆さん、おはようございます。
いってらっしゃい。
わたしたちも、青梅線沿いの旅へいってきます。

多摩川沿いに野外の球技用コートが広がる河辺市民球技場。その横が気持ちのよい散歩コースになっていて、風通しのよい景色が眺められる。

ここにあるしあわせ

クレープコロモ

青梅市河辺町5-29-27
0428-21-5378
11：00〜20：00
水曜定休
www.chanchikido.jp/coromo/
map 1

230℃の高温で焼き上げるクレープはパリパリした歯応えで、噛むともっちり。甘さ控えめで、生ハムとチーズの組み合わせや自家製のラムレーズンなど、こだわりのメニューはいろんな年代の人に愛されている。店主の並木愛衣さんは会社員として働いた後、高校生の時にアルバイトをしてからいつかやりたいと心に決めていたクレープ屋さんを、3年の修業の後オープン。生地の配合や経営も自己流ながら、もうすぐ10周年を迎える。

「ここ青梅は都心からわりと近いけど伝統も残っている。核家族化が進んでいるけど、お祭りなどで交流したり、若い人が何かをやろうよ！　と言える文化がある。それは誇り。小さい子からお年寄りまでいろんな人が来てくれて、ここでお店を始めてよかった」

鉄板で仕上げる熱々のクレープは香ばしいおいしさ。

毎日に寄り添う、素敵なパン

BAKERY 麦の芽

大人気のシュー
クロワッサン（220円）。
ちょっぴり
中身をチラッ。

（右上から時計まわりに）珍しい米麹を使ったこしあんぱん、りんごクリームチーズ、ピアノの鍵盤のような形のあんデニッシュ、クロワッサン、オリーブとアンチョビのフォカッチャ、チョコの入ったクロワッサン、パン・オ・ショコラ。

迎えてくれるのは幸せな焼きたてのパンの香り！　ショーケースに次々と並べられていく、色とりどりのパンたち。今日はどれにしようか、と興奮してしまう。

「パンを食べた時、思わずうめえ!!と言ってしまった時の感動。うちのパンを買ってくださるお客様にもこの気持ちを味わってもらえたら」と、優しい人柄を笑顔ににじませ語ってくれた杉本学さん。丁寧なものづくりに憧れ、営業マンから転職。有名店での修業中の頃から、自分ならこういうパンにしたい、という気持ちを少しずつ膨らませてきた。地元にて念願のお店をオープンして以来、その冷めない情熱からどこにもない新しいパンのアイディアが日々生まれている。

米麹を使ったあんぱんは、ひと口かじれば仄かに桜の香りがし、酒種を使用したものよりも上品な味。冷やして食べる珍しいクロワッサン「シュークロワッサン」は、いが栗のようなハードボイルドな見た目。香ばしい焦がしナッツのカリッと感、シューのザクッと感、甘さ控えめの上質な生カスター（生クリームとバニラカスタードのブレンド）のもったりとした滑らかさと、3段階の衝撃。男性へのお土産にも喜ばれている。

日の出より先に一日の仕事が始まる。オープン前の朝に聴くラジオは東京FMやナックファイブがお気に入りの杉本さん。「パンを作っている時は、読みかけの本のことや、わりと哲学的なことも考えたりします」

青梅市河辺町 4-11-2
和光マンション１Ｆ
0428-25-0127
9：00～18：00
木曜、第１・３水曜定休
http://muginome-526.jugem.jp
map 1

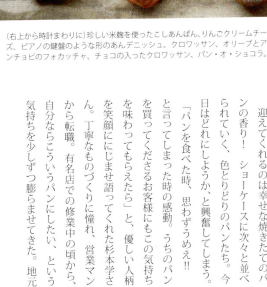

隠れ家のような呑み喰い処

Boulevard《ブールバール》

スパイスの効いたカレーの上にグリルした大きな野菜や豆腐が。スープカレー（800円）

前菜盛り合わせ（1,000円）。リエットやドライいちじく、フロマージュ デュ テロワールさんのチーズなど。

フランス語で「大通り」という意味のおしゃれなカレー&バル。店先のおおきな赤い壷が気になっている方、多いのではないかしら？ これは開店祝いにと、店主の大通拓さんへ家族から贈られたもの。ある日お父様が置き土産？としてトラックで運んできてくれたそう。ランチはフルーツと野菜ベースのドライカレー、オマール海老ベースのスープカレー、カツカレーなど季節に合わせながら日替わりで3種を楽しめる。夜はクラフトビールや厳選ワインとともに美味しいおつまみを。ドアを開ければ食事をしながら屈託なく笑い語り合う人の声…不思議とくつろげる、心地のよい音がこもる。食事を共にする相手との距離感がぐっと近くなる感じ。

「カレーにこだわらず、いろんな料理に挑戦していくつもりです。オヤジさん、女性の方、どんな方にも喜ばれるとっておきの隠れ家にしたい」と、大通さん。もう、なっています！

青梅市河辺町 10-1-12
0428-84-0342
11：00～15：00（L.O.14：00）
17：00～23：00（L.O.22：00）
日曜定休
map 1

いつものごちそう
トスカーナ

魚介類のスパゲティー トマト風味（970円）。
濃厚なトマトソースにプリッとした歯応えの魚貝がたまらない。
季節毎に替わるフレッシュジュースも楽しみ。

青梅市河辺町10-5-4　1F
0428-24-3755
11：00～15：00（L.O.14：30）
17：00～21：30（L.O.21：00）
月曜定休
toscanaome.vpweb.jp/
facebook.com/since1978toscana/
map 1

朗らかな対応のシェフとマダム。

常連さんらしいご夫婦と会話が弾む。シェフも顔を覗かせてご挨拶。「どうもー！」ニコニコとした空気感が伝わる。これがトスカーナのいつもの風景。

　この場所で店を開いて38年。地域の方々に愛され続ける、ちょっとした日のごちそう。

　シェフ秘伝の生ドレッシングは、野菜たっぷりの自然な甘みが美味しさの決め手。サラダだけではなく、野菜炒めや豆腐、ポテトフライやゆで豚にもバッチリ合う。これらのアイデアは、お客さんから教えてもらったものだそうだ。お店をワクワクする楽しい場所にしたい、と心を砕くウェイトレスさんは「おいしいものを提供する、というだけではなくて、このお店そのものが地域の情報源になってオープンに発信していきたい」と話す。これからもファンが増え続ける予感。

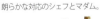

フロマージュ・ドーメ（1,500円）。熟成がすすむととろけるようにやわらかくなり、美味しさが増す。

青梅市友田町 2-677-102
0428-78-3458
13：00～17：00
水・金・日営業
http://www.fromagesduterroir.jp
http://blog.cheeseatoz.com
map 3

チーズに風土の味を織りこむ

Fromages《フロマージュ》 du《デュ》 Terroir《テロワール》

シンプルな看板にフランス語で記されたことば「Fromages《フロマージュ》 du《デュ》 Terroir《テロワール》」。それは土地のチーズ、という意味。

店主の鶴見和子さんは、子供の頃からおやつはいつもチーズというほど大のチーズ好き。そんな彼女がここに製造工房を開くまでの足取りを尋ねてみた。

カルチャーセンターの講座を受講し、さまざまなチーズを食べ歩くヨーロッパ旅行の帰国後、「チーズのラベルが読めるようになりたくて」40歳を過ぎてからの語学留学でフランスへ。滞在中にチーズを含む乳製品の職人養成・研究をするエコール（専門学校。バカロレアを通過後通える）があることを知り、入学願書を出したらすんなり通ってしまった。さまざまな製法を3年かけて学び、帰国後、両親の移住で青梅と土地の縁ができたことから、現在の工房オープンへとつながる。「偶然が重なり、良い風に吹かれて導かれました」と振り返る。

原料となる牛乳は「東京牛乳」（製品になる前の段階で無殺菌のものを入手）。

チーズの詳しい知識が満載のブログでは、さまざまなチーズを楽しむ講座なども随時紹介。

「昔はデパートで山羊や羊の珍しいチーズや、好みのものを見つけてはラベルをノートに貼付けてファイルしていましたね」ゆくゆくは「泌乳期が短いけれど、山羊や羊のチーズも作りたいですね」と語る。

左はグロン・トーメ（1,800円）、右はプチ・トーメ（900円）。奥に見えるのは形が保てないほど柔らかく熟成されたドーメ。

乳酸菌は自ら培養。青梅の地産品を取り入れ試作を繰り返し、土地に根ざした物語性のあるチーズをさまざまに広げていける、嬉しい感触を掴む。

青梅の「小澤酒造」の焼酎や日本酒で洗って熟成させたフロマージュ・ドーメ（青梅のチーズ、という意味）。どのくらい時間をかけて熟成させるかで味は少しずつ変わっていくが、鶴見さんはその変化の過程も慈しみながら付き合っている。焼酎で洗った方は口の中に芳醇な香りが満ちて、複雑な味わいが特徴。日本酒はもちろん、ワインにも合う。お酒を使わないグロン・トーメの方はお豆腐のような優しい爽やかな味、ゆず味噌やごま味噌をつけて。練馬区にある「東京ワイナリー」の葡萄やヤマブドウといった、ワインの搾り粕に浸けた珍しいものも。

「日本にはまだないチーズの専門的な製造学校を作りたい」彼女のその夢に、私たちもわくわくしている。

うーん、ニット帽がお似合い。

なんだか心惹かれるかわいいものたち。

今日も宝ものさがし

マルポー

時を経た味わいのある戸棚に宝物が並ぶ。

ジャンルを問わずに集められた古道具はどれもユニークな魅力にあふれている。店主の笹本邦好さんの手によって、この空間にいきいきと並べられ、誰かに出会うのを待っている。一つだけ見たらちょっとシュールな置物も、なんだかお洒落に見えてしまう。こんな使い方もありなんだー、と発見の連続。

面白い驚きと宝さがしのようなワクワクを味わいたいなら、ここに来てソンはない。青梅には欠かせない古道具屋さん。

青梅市新町5-1-3
090-9816-6422
11：00～17：00
不定休
https://ja-jp.facebook.com/furudougu.marupo/
骨董市やイベント出店あり
map 2

東青梅駅

HIGASHI-OME STA.

青梅市庁舎の最寄り駅で、パブリックなイメージも強いけれど、小さな商店も元気。交差点、踏切、四方に伸びる幹線道路のジャンクションも多い。いろんなもののの接合点になっている、不思議で便利なまち。

青梅市勝沼 3-79
0428-22-2841
9：00 ～ 19：00
日曜定休
http://www.kenshoku.biz
map 5

ユニーク＆オンリー１の品揃え

高山商店

本業はお米屋さんなのだが、無農薬米や雑穀、製粉だけでなく、市場で仕入れた新鮮な魚や豆腐、質の良い調味料、乾物と、普通のスーパーでは手に入らない珍しいものが並ぶ。三代目・高山博之さんは、安全で美味しい品揃えであることをポリシーに妥協せず、自ら足を運んで取り揃えている。オリジナル商品も開発。雑穀の甘酒「雑穀グルト」は身体に優しい甘さ、「雑穀グルトアイス」や「地粉うどん」も大好評。高齢化がすすむなか、遠くの大型スーパーまで買い物に行けないお客さんも出てくるのではと心配し、「やっぱり近所にこういう店がないとね」。

都内のデパートでも人気のオリジナル開発商品「雑穀グルト（980円）」と「雑穀グルトアイス（黒胡麻・抹茶・プレーン、250円）」

青梅市西分町 3-123
青梅織物工業協同組合
（織区 123）内
0428-84-0490
http://www.tokyopellet.jp
不定休
map 5

憧れの冬アイテム

東京ペレット

青梅オフィス＆ショールーム

ボッ、ボッと、まるで間欠泉のように、軽快な炎がリズミカルに吹き出してくる様子をずうっと眺めていたくなる。

こちらはバイオマスエネルギーとして高く評価されるペレット燃料を使用するストーブのショールーム。実はここのペレット、西多摩地域の各製材所から出る木屑や、要らなくなった端材などを小さく圧縮し、燃料として再利用しているものなのだ。東京の森の恵みをこんな形で活かせるなんて！　と脱帽。

青梅駅

OME STA.

青梅線の始発駅、青梅駅。

レトロな町並みがのこる商店街に合わせ、ホームも懐かしい装いでお出迎え。駅を出れば路地裏に小さなお店や、毎年秋に開催される「青梅宿アートフェスティバル」に出品されたアート作品が年々増加中。多摩川までひとっ走りし湯を沸かし、コーヒーを淹れリラックスタイム、なんて思いつきもすぐに実行できてしまう。自然も人もアートも歴史も、身近な暮らしのなかに一緒くたのカオスなまち。

青梅駅ホーム内にある待合室。看板絵師、久保板観氏の映画看板が掲げられている。青梅が夜具地（ふとんなど）織物の産地として活気があった頃、市内には３館もの映画館があった。青梅宿アートフェスティバルにて、当時の映画看板を再現して以降「映画看板の街」として話題を呼び、街の風景には板観氏のものや、明星大学生の手がけたもの、アーティストによるパロディ風の映画看板などが溶け込んでいる。

懐かしい昭和へといざなってくれる商店街。

青梅七福神巡りコースの延命寺。お呑龍さまの名で親しまれる。

路地へ入り込めば小さなお店が。こちらは伊勢屋豆腐店さん。

住吉神社近くのバス停留所。映画看板やねこアートが街の至るところに共存。

粋な祭り人の御用達！

力屋《ちからや》

青梅市住江町 59
0428-22-3933
10：00 ～ 19：00
（御連絡で多少の前後可）
月曜定休
http://fujisugata.com
map 4

青梅といったらこの店を紹介しないわけにはいかない。法被《はっぴ》や足袋《たび》、手ぬぐいなど、祭り用品が所狭しと店内にずらり！　血が騒ぐ祭り囃子が聞こえてきそうな、創業88年になる青梅の看板店。

毎日の商いは「ひたむき、うわむきに」頑張り、納得できない品質のものは置かない主義。祭り事が今も息づく青梅では、毎年5月初めに青梅大祭が行われ、各町内の自慢の山車と共に、粋な半纏姿の人々が練り歩き、日常から一転、賑やかなハレの町に。力屋《ちからや》はそんな祭りの文化を陰から支えている。

林業や植木の職人さんからも信頼される品揃え。丈夫な生地と腰刳《ぐ》りの良い縫製で立体的なシルエットが美しい「富士姿」の乗馬ズボンは、「これでないと仕事にならない」とお墨付きの人気。「いなせ」という言葉が似合う人って最近お目にかからないけれど、ここでなら出会える気がする。

祭り用の面。

「富士姿」乗馬ズボン（税込 4,980 円～）。
最近はアーティストからの注文もくる。

雨の日だって待ち遠しい

ホテイヤ傘店

荒井さんは英会話が趣味でイギリス旅行にも。「イギリス紳士ってのは雨が降ってなくても腕に傘をかけてるもんだね」

青梅市本町 142
0428-22-3214
9：30 ～ 19：00
月曜定休
citydo.com/prf/tokyo/guide/sg/280000420.html
map 4

創業は天保17年、傘貼りと骨作りを行う職人を抱え、青梅の番傘製造が盛んだった頃を唯一伝える店。江戸の人びとに、青梅の和傘の堅牢な作りは好評だった。洋傘は明治期から輸入され始めたものの、当初は高価で高嶺の存在だったから、ここの和傘もきっと、その後も長く使い続けられたのでは…。雨をしのぐ道具にも時代の移ろい。

目を奪われたのは、模様が絣のような不思議な風合いに織られた、ほぐし織りの傘。上質な傘は布が軽く、ふっくらしているそうだ。アンブレラマイスターの資格を持つ荒井亮太郎さん、澄江さんご夫婦がなにより大切にしていることは、質が高い製品の良さを知ってもらうこと。長持ちさせるためのちょっとしたコツなども、訪れる人に丁寧に教えてくれる。

名前を日本字・ローマ字など好みの書体で彫刻してもらえるのもちょっとしたおしゃれ。ひとつ、お気に入りの傘をここで手に入れてみよう。

布汚れの原因は皮脂や化粧品汚れ。たたむ時なるべく布部分を持たないよう気をつけると、ながく綺麗に使えますよ。

買った傘の柄に名前を彫刻してくれる。

大正モダンな柄の甲州ほぐし織の傘。伝統的な織りの技術が使われている。

（左）今日のごはん（お味噌汁、お惣菜つき 850 円）。毎日来る常連さんも大満足の、ヘルシーな日替わりワンプレート。本日は焦がし正油のジンジャー唐揚げ。（右）しそ入青梅煎餅と特製梅ソース＋アイス（500 円）。青梅の定番、青梅煎餅でアイスをすくって食べたりと、いろいろに楽しめる。

たとえばこのつぶあんコーヒー。青梅の老舗和菓子店、道味の上品な餡がコーヒーに添えられているのだけど、ありそうでなかった意外な組み合せ…でも不思議と合うのだ。青梅の銘菓をこんなふうにアレンジするなんて、なかなか思いつかない。

「このまちには素敵なものがあちらこちらに散らばっています。それをかき集められたら…」と店主のワカコさん。訪れるお客さんに、青梅ならではの魅力を、ちょっと面白いかたちで紹介したいといつもアイディアを膨らませている。美味しい地場産食材を使ったカフェのメニューはもちろん、それを引き立たせる器であったり、さりげなく飾られたオブジェであったり。この土地に縁のある作家さんの作品や特産品も、彼女ならではのセンスでいっそう新鮮にみえる。

「このカフェが青梅・奥多摩のいろいろな素敵に出会える場所になれたら」

青梅のおすすめがギュッ！

つぶあんカフェ

つぶあんコーヒー（550 円）。こしあんもあり。桃色の灯りがゆらめくような幻想的な店内。週末の夜はひとりでふらりと入ってもくつろげるバーに。

青梅市本町 131
0428-25-2251
平日・日曜 11：00 ～ 17：00
金・土曜 11:00 ～ 23：00
http://tsubuancafe.com
map4

みんなが育つ、みんなが育てるカフェ

Cafe ころん

青梅市本町117-12
070-2185-0092
11：00〜18：00
木曜定休
http://www.chanchikido.jp/
map 4

青梅駅のロータリーを出て道路を一本渡り細い路地に入ると、広々としたテラスのある懐かしい雰囲気の民家が見えてくる。ここは2014年にオープンしたCafeころん。キッチンとカフェスペースをレンタルして、カフェをやってみたい人がチャレンジできる場所なのだ。

運営しているのは、ちゃんちき堂の名でリヤカーでシフォンケーキを引き売りしている久保田哲さん。そのユニークなスタイルとおいしさでファンも多い。ここでレンタルカフェを始めたきっかけとなったのは、普段リヤカーを引きながら感じていた深い思い。

「例えば、会社だったら先輩が教えてくれたり、設備が揃っていたり、だんだんと階段を上るように仕事ができるようになるでしょ？　ところが、自営業をやっている人はみんな、大変だって言いながら全部を一人でやらなくちゃいけない、って思ってる。昔は丁稚奉公をして、暖簾分けしてもらって、っていうシステムだってあったのに、今、カフェを始めようとしたら一千万円お金を用意して、内装や設備を整えて、いざ開店してもお客さんが来なければ生活費を削って広告を出して、やっと生きてる。この仕組み、おかしくないかな？　ころんのような場所があれば、設備があって、お店自体にお客さんがいる、ていう環境の中でメニューに磨きをかけて完成させたり、ファンがついたり、成功への第一歩を踏み出せると思うんだ」

ころんができるまでには、ボランティアで工事を手伝ったり、ファンドで協力をした200人の人が関わっている。言い換えれば、すでにそれだけの人に知られている、ということだ。そんな環境でお店を始めてみるやり方に『甘い』という意見も、もちろんある。けれど、「ここで経験を積んで青梅でお店を出したり自営業の人が増えてくれればいいな。苦しいところをがんばらなくても、楽しいことを重ねていけばいい」。みんなで育てていければいいな、と明るい未来を思い描きながら、久保田さんは今日もリヤカーを引いている。

「リヤカー引きはライフワーク！」と語る久保田さん。

この日のランチはキッシュを中心に野菜たっぷりのメニュー。

思わず「ただいま！」と言ってしまいそう。晴れた日にはテラスでの一んびり

パプアニューギニア大使館も公認

Cafe《カフェ》 Niugini《ニューギニー》

写真の２人が被っている仮面はマッドメンといい、精霊を象ったもの。パプアニューギニアで先住民たちが儀式で使う。

南太平洋の楽園、パプアニューギニア。正式なニューギニア料理を提供する店として、大使館からも認められた、知る人ぞ知るカフェはなぜか…お寺の境内にある。大きなバナナの葉が目印だけど、たどり着けない人たちもいるというから、かの地の不思議な精霊たちのしわざ？

店主のアポさんは、もと大道芸人という異色の経歴の持ち主。世界を放浪の末、パプアニューギニアにたどり着き今ではファミリーの一員として馴染んでいる。店のブルーマウンテンコーヒーはそんなアポさんが毎年里帰り（？）をし現地で調達する、ここでしか飲めない本場の味。料理は、カウカウと呼ばれるサツマイモが主食の現地で、ごちそうとされるものたち。話を楽しく聞いていると、ついつい時間を忘れ長居してしまう居心地の良さ。もしかして、これも精霊のしわざ？

青梅市大柳町 1203 清宝院内
050-1282-1799
12:00 ～ 21:00
営業日は HP のカレンダーで確認
t-net.ne.jp/paradise
https://www.facebook.com/cafeNiugini/
map 6

ニューギニー・プレート（1,500円～）ほうれん草とカウカウをバナナの葉で包み蒸焼きにした伝統料理ムームーや、マギーライス（いわゆるコンビーフ&ツナ缶プラス、インスタントラーメン丼）、揚げバナナなどがひと皿に！

精霊スイーツ（400円）はベジタリアンやヴィーガンの方にも大好評。

お寺の境内にある
私の店はカオス・
カルチャーです！

アポさんの現地正式名は 「アポ・ファニウファ」。ヘッドヴィラ（羽根付きの冠）と鼻にはヒクイドリの骨をつける現地の正装スタイル。ニューギニア文化を面白く、かつ丁寧に教えてくれる。

藍の入った甕《かめ》は温度を保つため、土中に埋まっている。表面にブクブクと浮かんでいるのは『藍の華』。藍が発酵するときに発生する泡で、藍の調子を見る手がかりとなる。

大事に大事に育てつづける天然の藍

壺草苑《こそうえん》

徳島で修業を積んだ工房長の村田徳行さん。

青梅市長淵8丁目200
0428-24-8121
10：00〜18：00
火曜定休／年末年始
kosoen-tennenai.com/
map 4

藍染めの原料となる「すくも」。
藍草（たで藍）という植物の葉を乾燥させ、さらに発酵させた状態のもので、藍師さんという職人のもと約１年という長い時間と惜しみない手間をかけて作られる。

多摩川にかかる大きな橋を渡り、峠へと続く坂を登っていくと、右手に一際風格のある建物が現れる。歴史を感じさせるレンガ造りの中は、藍染の作業場と製品のショップになっている。

ここに並ぶのは、どれもこだわって作られたことがわかるオリジナルの服やニット、ストールの数々。「藍」という自然から得た素材の良さを余すことなく味わえる伸びやかなデザインで、肌にふれた時の心地よさを演出する。

壺草苑では、100％天然原料にこだわり、江戸時代よりつづく「天然藍灰汁《てんねんあいあく》発酵建《はっこうだ》て」と呼ぶ伝統的なやり方で藍染をしている。

藍は生き物。その証拠に、工房に入ると独特の発酵臭がプンと漂う。植物である藍を醗酵させた大事な染料は、人の手による温度管理が不可欠。音や匂いで調子を感じてケアをしながら、育てていく。その作業は正月の休みもなく、毎日毎日つづけられる。この誠実な営みから、あの美しく深い色が生まれる。

ステンドグラスのはめ込まれた窓
や古い金具がアクセントになり、
どこを見ても絵になる空間。

絶妙なセンスに出会える空間

yard

青梅市西分町3-64
0428-24-4612
11:00-18:00
不定期営業
http://yardvc.exblog.jp
※営業日はこちらのHPをご確認ください。
map 4

イラストレーションと書のセンスが光る手ぬぐい。
左・AMENIMO（1500円）右・毒キノコ（1200円）

作品の説明をする北村さん。

年に数回、イベント開催の期間だけひっそりとオープンするとっておきの場所がある。青梅街道と秋川街道のぶつかる交差点のそば、公園の隣の四角い建物。2階を支える鉄骨と白い壁、そして鮮やかなステンドグラスを嵌め込んだブルーグレーの洒落たドアが目に入る。奥のカウンターから、「いらっしゃい」と声をかけてくれたのが、オーナーの北村淳子さん。このステンドグラスの作者でもある。

北村さんは、美大を卒業後、テキスタイルデザイナーとして名のあるブランドのスカーフの柄なども手がけ、3日に1枚のペースで原画を描き起こす日々を過ごした。忙しい毎日の中で、もっと〝自分が行き届いているもの〟を作りたい気持ちが大きくなり、そうした日々の中で出会ったのがガラスだった。

うまれた作品は北村さんの好きな世界を反映させた、円形のフラットなファブリックのようなデザイン。工業製品のような無骨さと鮮やかな色を放つガラスが、独特のバランスで美しさを湛えている。そしてその雰囲気がyardという場全体に行き届いていて、この場所に惹きつけられてしまうのだ。

昨年末のガラスの展示を最後に、「また、改めて自分なりにテキスタイルの可能性も追ってみたくなりました」と北村さん。

もっと彼女の作り出す世界を見たい、とオープンの日を待ち遠しく思っている。

窓の外の緑が映えるテラス側の席

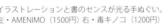

清宝院

月に一度のおたのしみ

O'terra market

お寺マーケット

青梅市大柳1203　清宝院境内
4月、6月、8月、10月の第4日曜日開催。
時間は10：00〜16：00
※8月はナイトマーケット15：00〜20：00
https://ja-jp.facebook.com/oteramarket/
map 6

焼きたてのお団子
アツアツ香ばしい！

ナイトマーケットなら
ではのこんな楽しみも。

4月から10月の毎月第4日曜日は、清宝院のお寺マーケットに集合！おいしいものや素敵な雑貨、産直野菜にライブもある。ここに出店するのは、品質に、おいしさに、自信を持って勢揃いするプロの方たち。
毎回、出店者も替わるので、また来月もお楽しみ。8月の特別版「ナイトマーケット」と10月のよく晴れたマーケットの様子をどうぞ！

お寺で遊ぶ！

青梅の町にはお寺が多くあります。まちに開かれたお寺に出会える、新しい試みをご紹介します。

この日はお堂で行われたジャズのライブに合わせての開催。プロジェクターの映像を見ながら聞こえてくる音を楽しめる特別な夜。

お寺で過ごす、大人の時間

坊主BAR

青梅市千ヶ瀬町6-734　宗建寺内
※坊主BARの開催は不定期。
ライブやイベントに合わせて
時間も変わります。
map 4

宗健寺

お坊さんのバー？　そのネーミングに惹かれて足を運んでみると、心落ち着く和室にムード満点のライティング。開催は不定期で大きく宣伝をしているわけではないけれど、それでも人々が集うのは、この場が持つ磁力のようなものかしら。ここには清浄な空気と懐の深〜い仏さまがいらっしゃるおかげでしょうか、リラックスして夜を楽しむ時間の大切さを思い出させてくれる。

ご住職自ら看板を持ってくれました。こちらで飲み物を買ってお部屋へ。

青梅線の車窓から

プルルルル♪
奥多摩行きの列車が
青梅駅を出発しまーす！
鉄橋、トンネル、無人駅あり。
窓を流れる景色は抜群のキラキラを
放って目に飛び込んでくるから、
いつだって窓におでこをくっつけて
眺めてしまう。
ここは東京の庭だもの、
目的を決めずにやってきても
いいんじゃない？

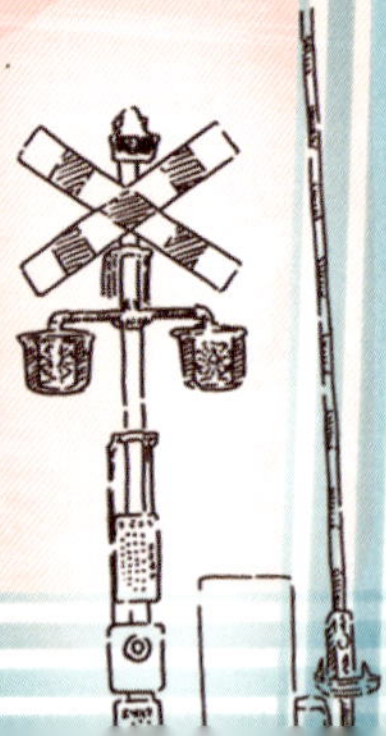

奥多摩方面
奥多摩方面

LIQUOR STORE

←至奥多摩
白丸
鳩ノ巣
古里
川井
御嶽
沢井

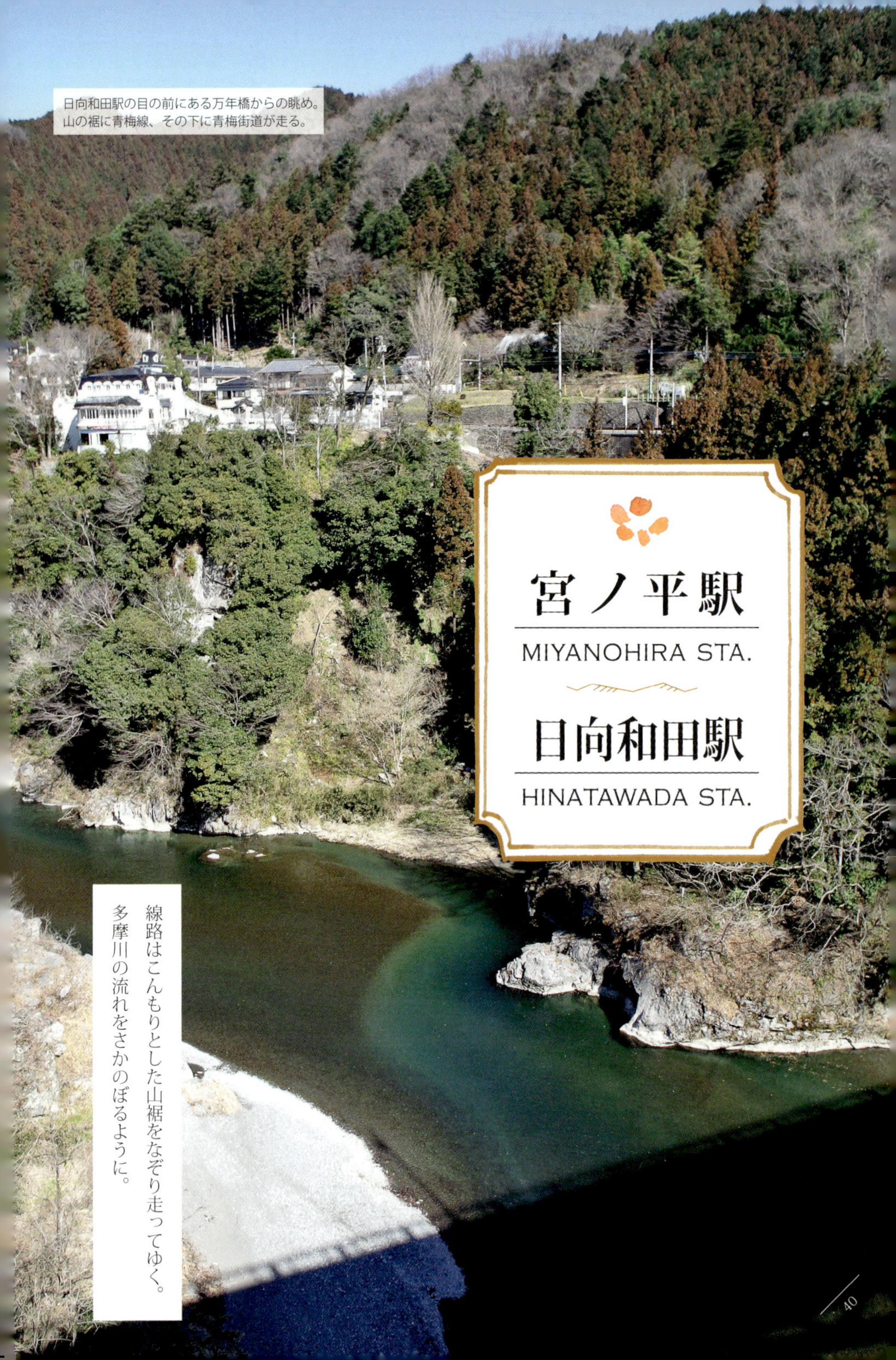

日向和田駅の目の前にある万年橋からの眺め。
山の裾に青梅線、その下に青梅街道が走る。

宮ノ平駅
MIYANOHIRA STA.

日向和田駅
HINATAWADA STA.

線路はこんもりとした山裾をなぞり走ってゆく。
多摩川の流れをさかのぼるように。

子どものころ、友達に連れられて、いく度も遊びに訪れた。それ以来ここはずっと、心のなかに閉じ込めてある庭。四季折々の美が詰まった小さな宇宙。梅や楓、藤が花を咲かせれば、おさな心にも、うっとり。小さな茶室にも「ここでお茶会をひらいたら…」と、夢を膨らませていたのを思い出す。

四季それぞれの味わい

臨《りん》川《せん》庭《てい》園《えん》

青梅市日向和田 2-271
9:00 ～ 16:00
入場無料　茶室の申込みも可能
月曜定休（祝日の場合翌平日）、
年末年始閉園
駐車場なし
map 8

冬の庭と和菓子

本日の花は青梅の和菓子。
冬枯れの景色を愛でながら
銘菓をおひとつ、いかが？

ち

草餅（110円）
きなこで化粧された草餅はしっとり、よもぎの香り。午前中に売切れ多し。

御菓子司 あら井
10：00～17：00
0428-22-3855
火曜定休
map 4

り

酒まんじゅう（110円）
仄かに酒の香り漂う、大人の味。子どもにも人気。

和菓子処 は万の
9：00～19：00
0428-22-5620
月曜定休
http://www.sakamanjyu.jp
map 7

い

道味
9：00～18：15
0428-22-3201
月曜定休
map 4

最中（102円）
最中皮の意匠にも風情を感じる美しさ。粒あんはくっきりした甘み。

ろ

二代目（172円）
さらし餡に包まれ、梅酒梅のペーストがとろりと入った贅沢な大福。

梅菓匠 にしむら
8：30～16：30
0428-22-9340
水曜定休
umedaifuku.com
map 6

は

弘美堂
8：00～17：00
0428-85-2101
日曜午後・火曜定休
map 11

苺どうふ（130円）
ふんわりピンク色。イチゴ味のカステラスポンジにイチゴジャム＆餡♡

に

紅梅饅頭
（5個入 399円）
梅の形のカステラ風生地にあっさりとしたさらし餡は、永遠の定番。

紅梅苑
9：30～17：00
0428-76-1881
月曜定休
koubaien.net
map 7

ほ

火打庵
10：00～18：00
0428-24-0122
月曜定休
map 5

梅最中（80円）
手のひらにおさまる、白い梅。
ほかにピンクと茶もあり。

臨川庭園の茶室にて。

へ

うめぼしゼリー
（170円）
寒天のなかに閉じ込められた梅ぼし、ひとつ。つるんっ。

美よしの園
10：00～17：00
0428-76-0790
火曜定休
oh-ume.com
map 7

と

くる美最中（100円）
全国菓子大博覧会名誉総裁賞を受賞した、胡桃の形の可愛い最中。餡のなかには和胡桃が贅沢に。

御菓子処 與八
9：00～17：30
0428-78-8407
月曜定休
map 10

ゆず薯蕷《じょうよ》饅頭（130円）
ゆずを練り込んだ大和芋の生地がふんわり。

と

青梅煎餅（5枚400円）
青梅といったらこのかわら煎餅。今はなき青梅本町「一本」田島忠兵衛のものが元祖だそう。いまは焼き型を変え、市内の様々な和菓子屋で作られている。

ち

梅ゼリー（税込185円）
完熟梅の入ったぷるんとしたゼリー。

ろ

左・梅大福（200円）　**右・二代目**（172円）
左は完熟梅がひと粒まるまる入った初代。右はマシュマロのようにたおやかな餅に包まれ、梅酒梅のペーストがとろーり。

ろ

梅絹（9包入 1,121円）
特製梅酒を使い練り上げた濃密なのし梅

に

美味もち（139円）
こぼれそうに大粒の小豆あんがぎっしりつまったもちもちのどら焼き

に

へ

左・うめぼしゼリー（158円）　**右・うめぼし羊羹**（158円）
梅の酸味が上品な透き通る宝石と、紅梅色の宝石。
こうしてどちらも並べてみたくなる。
自家製の小梅入り。

ほ

えくぼ・寿（ことほぎ）（各 300 円）
お祝いの席に可愛らしい微笑みを。こちらの上生菓子は季節問わず注文可能。

り・ほ

上・そば大福（110 円）（り）
蕎麦の香りふくよかな大福。
下・大徳寺納豆饅頭（200 円）（ほ）
あんの甘さを引き立てる大徳寺納豆の塩気が絶妙！

小さなギャラリー

uori

青梅市和田町2-263-2
企画展の時のみ営業
http://uori.wpblog.jp
map 7

「スミレ窯」の名で活動する青梅の陶芸家、遠田草子さんの花器をテーマにした展示。使いやすく、素材をより良く見せる器作りには定評がある。

連れて帰りたくなる愛らしい小品も。

オーナーの原島洋二郎さん。

原島さんの同級生、榎戸項右衛門さんの展示より。多彩な仕上げの彫刻作品は、ユニークなフォルムで人気。

街道沿いの赤い屋根が目印。かわいらしい佇まいのuoriは小さなギャラリー。20年ほど前まではオーナーの祖父母が経営する魚屋「魚利」だったそう。

現在のオーナーは原島洋二郎さん。ご自身も大学で日本画を学んだ作家である。

この場所で何かをやりたいなぁ、と考え始めたのは2014年のこと。その頃、制作や仕事に行き詰まりを感じて「新しいことをやりたい」と思っていたところに、この建物を気に入って声をかけてくれた人のすすめもあり、「人のつながりができるかな」と、ギャラリーをオープンすることに決めた。

実はその少し前、自身の作品を展示した国分寺のギャラリーで、さまざまな人に出会い、自分の幅が広がるような経験をしていた。作家として、手本になるようなたくさんの人と知り合うこともできた。その方たちへの恩返しのような気持ちもあった。

原島さんは「出会うことへの感謝、そういう場になってくれたら素敵かな」と、あたたかい笑顔を見せてくれた。

盆栽と緑のオアシス

うめがた園

ねじれたような白い幹が魅力の杜松《としょう》。剪定にはセンスと技術が必要。ハサミの入れ方ひとつで違ってきてしまう。

人気の姫りんご。実がつくと、やっぱり嬉しい!

手のひらに乗る小さな盆栽。
このサイズでも立派な世界観がある。

青々として瑞々しい葉っぱ。水やりは下までしっかりしみこむように毎日1時間半くらいかけて丁寧に行われる。

青梅市梅郷1-33-1
0428-76-0622
9:00〜17:00
水曜定休
map 7

奥様と娘さん。現在は娘さんが苔玉作りを担当している。

いつ訪れても、植物の持つ圧倒的なみずみずしさが感じられる気持ちの良い場所。盆栽と山野草を扱ううめがた園は、この地で30年。最近は若いお客さんも増え、特に草花は女性ファンが多い。これだけの広さのお店は他にはあまりなく、週末は都心や横浜などからもお客さんがやってくる。

盆栽の楽しみ方は人それぞれ。冬の枯れ木の時に枝ぶりを確認して購入して、春先の芽吹きの頃が一番見応えがある、とか。あぁ、奥深い世界だなぁ。

こちらでは年に2回愛好会による展示即売会が行われる。その後、集まった会員さん同士で自然と勉強会が始まって、活発な意見が飛び交う。「オレならこっちの枝を落とすね」「いや、ここは伸ばしてバランスをとったほうがいいよ!」とかなんとか。いつか仲間に入りたい。

十時夫妻作の器で手作りパンや手料理が楽しめるお食事会は、少人数制のため、要予約。詳細はブログにてお知らせ。

青梅市梅郷 2-177
0428-76-0609
13：00～17：00
水曜営業
※第３土曜はランチ営業あり
http://totoki.exblog.jp
map 7

箱船のようなギャラリー

青梅クラフト館

重厚な木製のドアを開けると、外界から隔絶されたような静かであたたかな空間。ここはまるで、箱船のよう。

作家として活躍するご夫妻が週に1日だけ、自身の作品やお気に入りの作家たちの作品を紹介しているカフェ&ギャラリー。漆芸家の夫、十時《とと》啓悦《きあきよし》さんの器や家具からはどっしりとした風格、陶芸家の妻、あけみさんの作品からは土のあたたかみを感じる。中2階には小さなキッチンとテーブルがあり、あけみさんのお料理がもてなされることも。「自分たちの作った器で、訪れるお客様をもてなしたい」という、長い間あためていた夢を無理のないペースで叶えていこうと思っている。注文家具製作はもちろん、金継ぎ、陶芸のワークショップも企画中。

ひとつひとつ、丹念にみつめていると、作品たちが本当にゆったりと呼吸しているなあ、と感じる。ああ、何か、うらやましい…わたし、最近、深呼吸するのを忘れていたなあ。

梅林のなかにぽつんと蜂の巣箱が置かれた風景。幹の下にすわり、つくしやホトケノザを発見。満開の花で覆われた天を仰ぎ見るのも楽しい。

3月、梅の香りがまだ肌寒い空気のなかにしのび込み、開花の訪れを告げる。数年前まではこの地域の至るところで見られた梅林。「梅の公園」近くには食用の梅を栽培する農家さんが多く、その実は梅ジャムや梅干し、和菓子やお料理用に毎年出荷されていたが、近年プラムポックスウイルスが蔓延したため伐採され、今は見ることがかなわない。

この眺めにふたたび会えることを楽しみにしている。

石神前駅

ISHIGAMIMAE STA.

二俣尾駅

FUTAMATAO STA.

ここにはわくわくするエピソードがいくつかある。
明治期の文豪、田山花袋が訪れたころは、この辺り一帯は桃の林が一面に広がる桃源郷で、それは素晴らしい眺めだったそう。石神前駅が「楽々園停留場」という駅名だった昭和の初めには牡丹が咲き、孔雀が歩く遊園地へと続いていたのだとか。鉄道開業の目的でもある、石灰の運搬が盛んだった時期には、お日様に照らされてぴかぴか白く光る、石灰を敷き詰めた道が駅に続いていた、とも…。いまは田園風景が広がり、のどかな場所。
青梅線の車窓風景は、ここからどんどん山深くなってゆきます。

二俣尾駅の近くまで歩いていくと、苔むした長い石段が目に入る。室町時代創建の海禅寺はむかし、この辺り一帯を支配していた豪族・三田氏ゆかりの禅寺。桜が満開になるころ、この石段の上からの眺めは圧巻。

二俣尾駅近く、東京で一番西にある本屋「多摩書房」さん。

石神神社というちいさな神社がある石神前駅から、二俣尾駅までは海禅寺通りを歩いていくのがおすすめ。この辺り一帯は水が豊かで、昔ながらの水場が残っていたり、広々とした畑が気持ち良い。

青梅市二俣尾 1-297
0428-78-8319
8：30～19：00
日曜・祝日定休

懐かしい商店と憧れのひと

武田商店の和子さん

石神前駅から青梅街道に出ると、この地域に欠かせない存在となっている商店がある。オープンな雰囲気で、いつ行ってもお客さんが帳場の横にちょこんと座り、お茶を飲んでいたりする。お客さんの話し相手をしている奥様の和子さんはお店の看板娘。忙しく働いてきた人生のはずなのに、屈託なく生きてきたように感じさせる人柄がとても魅力的で、憧れなのだ。

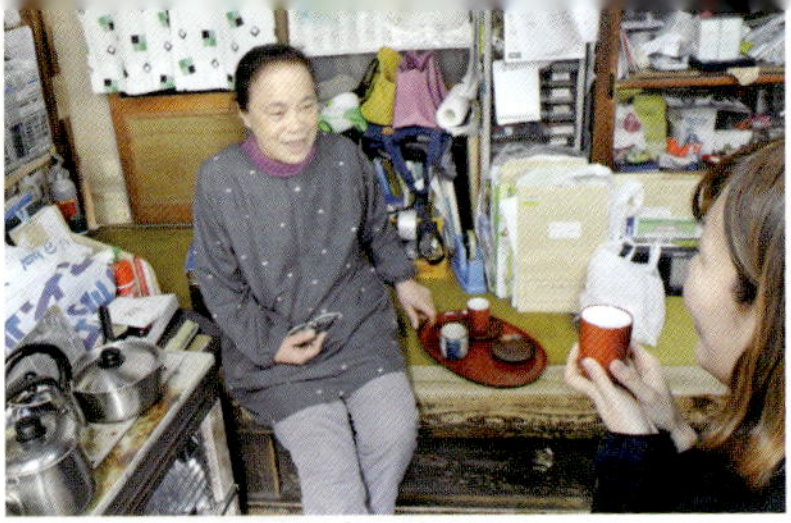

購入したアクセサリーのスケッチ帳。

カメラが趣味の旦那さん。店内ではかつて味噌なども量り売りしていた。

米穀や燃料の販売や配送を中心に、暮らしに欠かせないものを商う武田商店。昭和12年生まれの和子さん、旦那さん、息子さん夫妻と店を切り盛りし、忙しいながらも元気な毎日を送っている。

この日も近所のお友達が里芋の煮ものを持ってきてくれた。「あら、まあ、ちょっと座っていったら」と、お茶を用意し世間話を少し。そしてお返しにと、煮ておいた佃煮だったり、畑で穫れた野菜を持たせる。上がり口に腰掛け、にこにこした和子さんがいる、ここのいつもの風景。

彼女の周囲は、不思議に明るい。物事をみつめる視点がとても澄んでいる。小さい頃はおとなしい性格だったけれど、本をよく読む母から教わり、ものをよく観察する子だったそう。和子さんにこの土地のことを尋ねると、それはもう、いろんなエピソードを聞かせてくれる。例えば、若い頃は御岳山に近い払沢《ほっさわ》の集落にある寺辺りに天然のスケートリンクがあって、よく遊びに行ったこと。当時はスケート靴はなくて、白い鼻緒の

お料理が上手な和子さん。熱心にノートをとり、工夫を重ねる。

畑には枇杷など、いろいろな果樹も植えてある。

キウイ棚のある区画と、畑の区画と、それぞれ分けられている。木漏れ日が気持ち良い樹木の下には、百合が咲いていた。

日和下駄《ひよりげた》にスケートの刃が付いたものを借りて滑るのを楽しんでいたのヨ、とか。今の風景しか知らないわたしにとってこの土地の表情が、鮮やかに厚みを増していくようで、それが嬉しい。

庭や畑はたくましい植物たちで溢れている。本からの知識ではなく、持ち前の好奇心と観察力で植物を生き生きと育てる。蒟蒻《こんにゃく》の花、楓《かえで》、無花果《いちじく》、枇杷《びわ》…、わざわざ苗を買うのでなく、ご縁があって貰った苗や種から育てて大きくするのが好き。くたびれかけた鉢植えの花だって、上手に接いでまた息を吹き返させてしまう。和子さんは植物の自然の理を、自然なかたちで身につけている。

「わたしはどれもじっくり観るの。植物は少しずつ大きくなっていくでしょう？その変化に付き合ってじっくり楽しむのよ。そうするとこの子がどう育ちたいか、だんだんわかってくる。花や実がついた時の喜びもいっぱいなのよ」

和子さんを通してみた世界は、発見する喜びとあたたかさに満ちている。

昨年は畑に大麦を蒔いてみた。育ったら刈り入れ、それを煎って自家製の麦茶を作ろうと実験。右は庭の房すぐりの実。

福生にある大多摩ハムのソーセージをはさんだ柚木ドッグ。しっかりとしたパンの味とジューシーなお肉の旨味が味わえて大満足の一品（380円）。

パンと焼き菓子

ベーカリーカフェ noco

しっかりした味わいのベーグルやバゲットは外で食べると、尚おいしい！

カフェスペースの机は地元の鉄作家と木工作家さんの協力で。

nocoは、とあるイベントで焼き菓子を食べた時、そのおいしさに、近くにこんなお店があったらなぁ、と夢見ていたパン屋。それが現実となり、ノコギリ屋根の趣ある建物を改装したお店がオープンしたのは、2014年の11月。開店当初は売り切れ続出、洒落たパン屋さんのなかったこの辺りでは、たちまち人気の店となった。

経営しているのは佐藤晋里さん、えり奈さんご夫妻。主にパンを作っているえり奈さんは、娘さんが食物アレルギーになったことから食べるものは可能な限り自分で作ろうと決め、ホームベーカリーでパンを焼くことからスタートした。こちらのパンの特徴はルヴァンリキッドという昔からある液体の天然酵母を使っていること。しっとり感が長続きし、乳酸菌の力も借りておいしさが長持ちする。この酵母に合わせて一から考えたレシピには、積極的に地場のものを使い、自分たちで食べて〝これだ〟というものを出している。

晋里さんは「食べる、っていうことを含めてこれからどうやって暮らしていくのか、というライフスタイルを見つめていく壮大な実験中」と言い、「来てくれた人がちょっと面白いところに行ったなー、て思ってくれたら。何もなければ誰も来ない場所かもしれないけど、おいしいものを食べて、しあわせになって帰ってくれたら」と笑った。

優しい雰囲気の佐藤さん夫妻。

季節ごとに替わるスイーツ。こちらは夏のかき氷〝チェ〟（500円）。フルーツにチアシードも入ってヘルシーなおいしさ。舌に心地よい食感。

青梅市柚木町2-232-2
0428-27-5456
11:00～17:00
水曜日定休
http://noco.wpblog.jp
map 9

軍畑駅
IKUSABATA STA.

沢井駅
SAWAI STA.

御岳渓谷遊歩道散歩

軍畑《いくさばた》駅は高水三山への登り口や御岳渓谷遊歩道の入り口があったり、みんなにおすすめできる休日のアウトドア体験の出発点。駅を出た途端にこの景色が迎えてくれる。

軍畑の駅前の、先も見えないほどの急な下り坂を下ると多摩川にぶつかり、沢井〜御岳へと続く遊歩道に出る。
さぁ、川沿いのお散歩へ出発！

START!

駅前の坂を下りきって青梅街道にぶつかったら、遊歩道の入り口まで進みます。
オヤ、可愛らしい看板が見えてきた！

「煉瓦堂朱とんぼ」はアンティークのレンガが素敵な、ポニーにも会えるバーベキューガーデンでした。
人気のバーベキューは予約必須です。

酒林を作っているところにお邪魔しました。酒蔵にかかせない酒林。新酒が出来た時には、真新しい杉の葉でつくった酒林を飾るそう。作業場には集められた杉の葉がいっぱい。

この看板が見えたら、いよいよ川のそばへ降りましょう！

沢井のアイドル？
朱とんぼに暮らすポニーのゆず。
運がよければ草を食む姿に出会える。

入り口の階段を降りると、木々の間から川が見えてくる。いやがうえにもテンションアップ！

スタンドアップパドルもカヌーも格好いい！

こんなところも歩きます！

歩いている道のすぐ下はもう川。キャニオニングにカヌーにスタンドアップパドルなど、川のアクティビティを楽しむ人々。みんなの笑顔を見ていたら、朗らかでピースフルな気持ちになってくる。

澤乃井園に到着。お食事や酒蔵見学もできますが、まずは冷たーい甘酒のかき氷と炭酸割りを1杯！（夏季限定）
自然な甘さとさわやかなコクでクセになりそうなお味。

GOAL!

本日の目的地、澤乃井園に到着！
まだまだ歩き足りないようなら、一息ついて御嶽駅まで歩くのもまたよし。

橋を渡って「櫛かんざし美術館」へ。江戸から昭和にかけての約4000点のコレクションを所蔵。手の込んだ細工やきらびやかな飾りを鑑賞して、眼福眼福。

このあたりは川幅も広くておだやか。釣りをする人や、水に入る人の姿も。

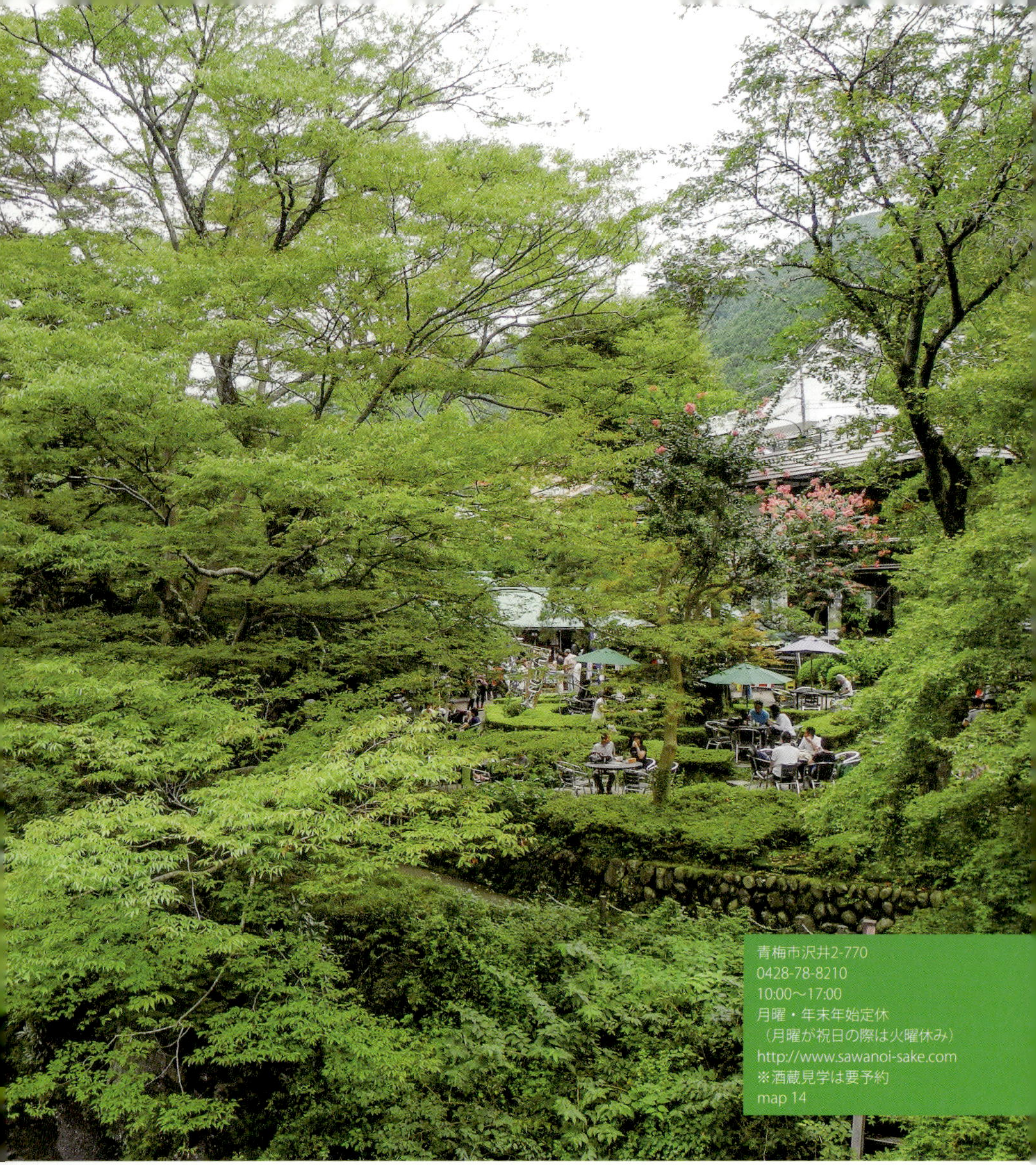

青梅市沢井2-770
0428-78-8210
10:00～17:00
月曜・年末年始定休
（月曜が祝日の際は火曜休み）
http://www.sawanoi-sake.com
※酒蔵見学は要予約
map 14

予約なしで利用できる「豆らく」にて。　揚げ出し豆腐膳（1550円）と冷酒。

売店にはお酒を使った様々なお菓子が並ぶ。
酒粕を使った、酒の華おこし（370円）。

酒蔵見学と利き酒、旬のごちそう

澤乃井園

川のせせらぎをすぐそばで感じながら、出来立ての日本酒を味わう。お天気に恵まれれば、こんなに気持ちの良い環境は他にない。

ここでは楽しみ方もいろいろ。季節の懐石がいただける料亭ままごと屋もあれば、野外の緑にかこまれてワイワイと楽しめる澤乃井園、日本酒づくりにはかかせないきれいな水の手づくり豆腐を味わったり、遊歩道散策を絡めれば、1日たっぷりと遊べる。

酒蔵見学をしてお酒に少し詳しくなれば、ますますおいしく呑めるかも。

工場見学

人気の酒蔵見学は1日4回。こちらの酒々小屋（ささごや）に集合してレクチャーを受けます。

貯蔵タンクは現在はステンレス製がメイン。おいしいお酒を造るには、原料のお米が糖化する時の温度コントロールが重要！

こどもを育てるように
手をかけます！

案内してくれた社長の小澤さん。

こちらから麹を
投入します。

澤乃井のお酒をお猪口1杯から楽しめる利き酒処。
（200円～。おかわりは100円～）

御嶽駅

MITAKE STA.

御嶽駅は青梅市のいちばん西で、奥多摩町との境にある。ここから地元の人も含めて観光客がいちばんよく訪れるのは御岳山。参詣、花見、紅葉狩り、ハイキングと、季節ごとにさまざまに楽しめる。多摩川の起伏に富んだ流れは、カヌーやラフティングの素晴らしいコース。

カヌー元代表に出会える宿

A-yard

青梅市御岳本町 359
0428-74-9453(9:00 ～ 21:00)
9：00 ～ 21：00　定休なし
http://www.a-yard.net
宿泊：一泊 4000 円から
map 10

終電着でもチェックインOK！

シンプルな部屋はカヌー選手の合宿所に使われたりも。

「御岳はラフティングやカヌーにとって素晴らしいエリア！ この宿は若手選手たちの足場作りの一環なんです」。駅から徒歩1分、素泊り宿のオーナーは、ラフティング元日本代表の柴田大吾さん。もちろん、観光目的の宿利用もＯＫ、穴場として人気だ。週末にふらっと御岳の自然でのんびり息抜きし、日曜に帰るお客さんもいるそう！ 柴田さんが発起人の競技カヌーレース「御岳カップ」も、音楽や地元の食とのコラボなど今までにない試みもあり、年々参加者は増加中。数年先、御岳のイメージはがらっと変わっているかもしれない…。そんな予感。

オーナーの柴田大吾さん。面倒見の良さと気さくな人柄で仲間からも慕われる。ブログ「ええ宿日誌」も面白い！

Ａ－ｙａｒｄの建物の1階は、国内でも珍しい、質の良い丁寧な品揃えでファンの多い中古アウトドア用品店。店主の遠藤浩史さんは登山用具を作る現場で培った技術や、壊れ方のメカニズム、使い方のノウハウを熟知。

「ポリウレタン系樹脂を使う登山靴やザックは、使わないと劣化が進みます。眠らせているなら、誰かの手に渡り使ってもらえた方が道具もお客さんもしあわせ。いまは大量消費・使い捨ては合わなくなってきていると感じます。自然を楽しみに行くなら、環境に優しい中古の道具をぜひ選択肢に加えてください」

朝早くからオープンしているのも嬉しい。山へ行く前に、ぜひ立ち寄ってみて。

青梅市御岳本町 359
0428-74-9235
9：00 ～ 19：00
定休日なし
http://www.maunga.jp/
通販ショップもあり。
map 10

遠藤浩史さん。爽やかな笑顔で対応してくれる。

温もりを感じさせる店内は、地元産木材ブランド・多摩産材を自分たちで敷き詰めた。フィッティングスペースもあり。

中古アウトドア店の先駆け

maunga

諸災除けのお札

山岳信仰・オオカミ信仰の場として昔から崇拝され、ご祭神は今では絶滅したと言われるニホンオオカミ。親しみを込めて「おいぬさま」、「大口真神」とよばれてきたそう。盗難や火災除けの祈祷に参拝するほか、今ではペットのわんちゃんと一緒に登れるスポット。初詣でに始まり、お神楽や雅楽などの奉納行事や、お花見、紅葉ハイキング…と季節ごとにさまざまに楽しめ、人々に愛される御岳山をご紹介！

ケーブルカーにのって、しゅっぱーつ！

参道の入口と鳥居

ケーブルカーの「御嶽山駅」を下車。鳥居をくぐると左手に見えてくるのが、御嶽神社を訪れる人を迎えてくれる御師集落。

修験道・オオカミ信仰の聖地

武蔵御嶽神社

宿坊が立ち並ぶ御師集落エリア

信仰が盛んな地域から、「講」といって集団で参拝に来る人も。御嶽神社の祭礼いっさいを取り仕切る、御師という神官さんたちは、泊まりがけで訪れる参拝客の世話もしてくれる。宿坊では、山菜を中心とした御師料理でもてなされる。

御嶽商店街エリア

神社鳥居の手前にある、レトロな雰囲気の商店街。土産コーナーの奥は見晴らしの良い食事処。

お正月シーズンには正装をしたワンちゃんも。

文豪も舌鼓み

元祖手打ちそば

玉川屋

御嶽駅からほど近く、大正4年創業当時の面影をそのまま残す藁葺き屋根がトレードマークの蕎麦屋さん。明治・大正期の文豪もはるばる汽車に乗り、御岳山へのハイキングを楽しんだついでに立ち寄ったとか。「あの太宰治も多摩川沿いの遊歩道を歩き来店したようです。窓辺でくつろぐ写真※が残っていますよ」と、店主の宮野敏彦さんが教えてくれた。店内にはかつて盛んだった御岳講の木札や、瑞穂町でいまも作られ続ける髭を生やした大きなダルマがずらり。

青のりがきりりと真一文字にかけられたとろろ蕎麦（926円）や、東京X豚肉汁蕎麦（953円）が人気。

※杉並区立郷土博物館刊行「阿佐ヶ谷界隈の文士展 井伏鱒二と素晴らしき仲間たち」図録より

青梅市御岳本町 360
0428-78-8345
11：00～18：00
月曜定休（月祝日の場合火曜）
http://www.tamagawa-ya.com
map 10

蕎麦は北海道江丹別産のそば粉を使った二八蕎麦。

木札がかかる食事部屋入口。

神殿エリア

厳かな雰囲気のご祈祷所内。

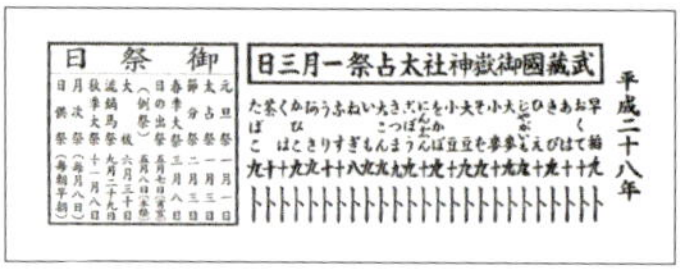

毎年１月３日は珍しい太占祭が行われる。そこで占われる作付け表。昔のお百姓さんは、これを見て農作に関わる一年の天気まで推測したそう。

急坂をがんばって登り切り、ようやくご神殿に到着。御岳山は、大変な道のりを自分の足で歩いて参拝する、ここにこそ醍醐味があるみたい。清涼な空気に包まれると、ここまで来られた喜びがじんわり。豊かで美しい景色が守られていることに、感謝……。

筋骨隆々な体躯で圧倒されるヤマイヌ（オオカミ）型の狛犬。

荒ぶる舞いの山の神。

ひょっとこと天狗の二人舞「種かし」。

夜神楽を観にいこう！

武蔵御嶽神社では祭礼が多い。毎年7月と9月に行われている薪《たきぎ》神楽《かぐら》の日は、ふだんと違う、特別な夜の神事。

神様に奉納するための舞は太々神楽《だいだいかぐら》といい、神事を司る御師《おし》さんたちの家では、様々な演目が江戸期から継承されている。幻想的なかがり火が照らすなか、野外にしつらえられた舞台で太古の神話、ユーモラスでリズミカルな舞を神様と一緒に楽しめば、いっときははるか古代の世界へタイムスリップ。

御岳山や周辺の観光に関すること

みたけ山観光協会
0428-24-2481（8：30～17：15）
土日祝日休館
http://www.mt-mitake.gr.jp

御岳山のお祭りや年中行事など

武蔵御嶽神社
0428-78-8500（9：00～17：00）
http://www.musashimitakejinja.jp/

ケーブルカーの運行状況・周辺の自動車道路情報など

御岳登山鉄道
http://www.mitaketozan.co.jp/

神殿の真裏にて山岳信仰の対象だった「男具那《おぐな》山」を拝める。

自然を楽しもう！

信仰のスポットとしてだけでなく、自然もいっぱいの御岳。本格的な登山も可能だけれど、気軽なハイキングにもぴったりのコースもある。見晴らしの良い眺めを楽しみにしながらリフトでのんびり、山頂まで行くのもおすすめ。

レンゲショウマ

可憐な姿のレンゲショウマ。群生地があり、8月中旬から9月にかけて見頃を迎える。

御岳山の自然や登山道に関すること

御岳ビジターセンター
0428-78-9363
9：00～16：30
月曜休館（祝日の場合はその翌日）／年末年始休み
入館料無料
http://mitakevc929.ec-net.jp/

ロックガーデン

ロックガーデンコースは2時間～4時間のハイキングコース。気持ち良い樹々のなかを進むと、清流が流れる苔むした巨岩がごろごろしているロックガーデンへ。こちらは綾広の滝。

リフトに乗って

ケーブルを降りたら目の前にあるリフト乗り場からの眺めを楽しみにのんびり、山頂まで。

山頂の商店街でひとやすみ

おかみさん特製のわらび餅（550円）はひんやり、ぷるぷる！

亀屋
青梅市御岳山 148
0428-78-8570
10：00～16：00 頃
天候で臨時休業あり

紅葉屋
青梅市御岳山 151
0428-78-8475
9：00～17：00
不定休

石臼挽きの「くるみそば（960円）」。濃厚なクルミのつゆに自家製粉の蕎麦をじゃぶっとつけてすすれば、疲れも吹き飛ぶ美味しさ！

ヤッホー
ヤッホー
ヤッホー

リフトを降りれば、そこは御岳山の頂上。
山あいに見えるのが青梅の町なみで、多摩川を挟んで蛇行するように続いている。
それにしても、なんて見晴らし！

吉野街道沿いを歩いて見つけた農家の高野晴夫さん、千恵子さん夫妻のオープンガーデン。街道から一段上がった場所に、この素晴らしい田園風景を見つけた人は、誰もが驚く。山の斜面に栗林、棚には葡萄の房が下がる。裏山で伐採した竹を粉砕して作った竹パウダーで土作りをしている。安眠効果のあるホップの蔓の回廊など、心をくすぐられる仕掛けがそこここに。「人生で何を大切にして行きたいかを考えた時、私にとって、それはハーブや植物たちとの時間でした」と、千恵子さん。

青梅市柚木町 3-822
0428-76-0141
オープン時間・曜日は気まま
map 10

訪れる人にはハーブティーや自家製のルバーブジャムなどをクラッカーに添え、もてなしてくれる。庭のラベンダーを使うポプリ作りや、時々に摘めるフレッシュなハーブを使ったレッスンも希望すれば受けられるので、気軽に立ち寄って。

ハーブに心をゆだねて

高野ガーデン

ここは夢に描いた楽園のよう。こぼれ種で増えたダイヤーズカモミールが6月の庭を明るく染め、訪れる人をいざなう。

山あいからひょっこり顔をだした巨人。そんなイメージの奥多摩大橋は、塔からケーブルが放射状に延びた美しいフォルム。川井駅を降りて少し歩くとこの橋が一望のもとに見下ろせ、爽快な気分。多摩川には北の大丹波から流れた大丹波川が合流し、ＢＢＱやマス釣りが楽しめるキャンプ場も点在。街道沿いからは見えない、一段高いところに家々や田畑が並び、ちょっと足をのばしてみれば全く違う表情を見せてくれる、面白い場所。

川井駅

KAWAI STA.

むせかえるほどの
ミドリ・ミドリ・ミドリ。
この生命力に
ほお擦りしたくなるでしょ。

真ん中の支柱から延ばしたケーブルで橋を支える斜張橋《しゃちょうきょう》タイプの奥多摩大橋。短い距離だけど、横浜ベイブリッジを走ってるみたいな何とも言えない疾走感と興奮が味わえる。

鹿肉バーガーをほお張ろう

awa

奥多摩リバーサイドカフェ

西多摩郡奥多摩町川井 54-1
0428-74-9947　11：00～17：00
月曜・火曜定休
http://canyons.jp/okutama-cafe/
map 13

ボリュームたっぷりのベニソン（鹿肉）バーガー（フライドポテト付き 1,500 円）。一日限定 5 食限定（要問い合せ）。ベジタリアン対応のファラフェルサンド（1,000 円）もある。

奥多摩は、鹿も熊も狸も出没するワイルドゾーン。というわけで、新鮮な鹿肉を使ったビッグサイズのハンバーガーをほお張れる、ニュージーランドテイストのカフェへ。

奥多摩街道脇にもかかわらず、驚くほどしっとり、静かな雰囲気をたたえた場所に、キャニオニング体験を提供する「ＣＡＮＹＯＮＳ」運営のカフェ　ａ《ア》ｗ《ワ》ａがある。テラスでは翡翠色に透き通る多摩川の流れを前にくつろぐことができ、「このエリアにしては珍しく周囲の樹木が紅葉ばかり。新緑だけでなく、秋の眺めは特におすすめ。冬には落葉した木々の枝にとまる野鳥やカワセミがよくみられバードウォッチングに最適ですよ」と、マネージャー福田隆男さん。

鹿肉が一番美味しくなるのは、実は冬期。鉄分が多く脂も少なめさっぱりとした口あたりで、お肉はちょっと、という方や女性も食べやすい。オーストラリア産ビーフのバーガーもあり、キャニオニングに申し込めば、レジャー中のランチにはこれらのハンバーガーがほお張れる。ここを見つけたなら、きっと自慢したくなる。

南瓜を贅沢に使った濃厚な自家製かぼちゃタルト（ドリンク付き 700 円）もリッチな味わい。

テラスからの眺め。多摩川の澄んだ流れ、せせらぎと開放感が楽しめる。

里山のごちそう

上鍛冶屋

季節によって内容の変わる山里御膳　(3,240円)
何度も足を運びたくなる。

古民家を改装した趣きある建物。

秋だけのお楽しみ、栗の渋皮煮。

美味しい空気と里山料理が堪能できる上鍛冶屋《うえかじや》。1日2組の予約限定なのは、この建物とお料理をゆっくりたっぷり味わってほしいから。立派な梁のある重厚なお部屋と囲炉裏を囲むお席はくつろげること請け合い。

その時の季節に合わせて地元でとれる野菜を使った料理は、一品一品細かいところまで手がかけられていることがわかる、丁寧な心づくしのおいしさ。

お腹も心も滋味深い味わいに満たされ、帰る頃には元気が出る。

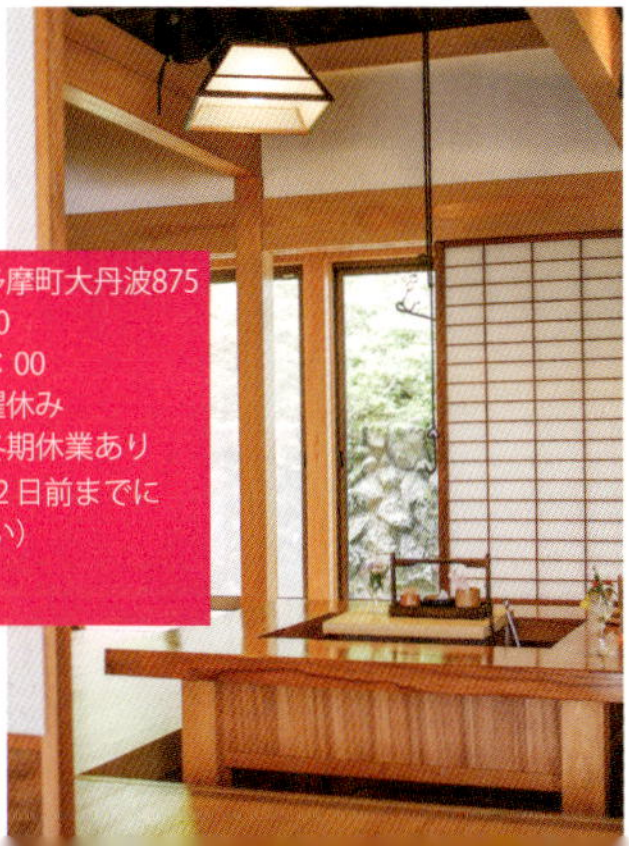

西多摩郡奥多摩町大丹波875
0428-85-1040
11：30～17：00
火・水・木曜休み
予約制　※冬期休業あり
（ご利用日の２日前までに
ご予約下さい）
map 11

古里駅

KORI STA.

木造のこぢんまりとした駅舎を出ると、吉野街道が青梅街道と合流する場所につながり、奥多摩の中では、2番めに大きな集落がある。宮中新嘗祭に献上する質の高い粟はここ、古里で昔から育てられていた品種だというからびっくり。江戸時代末期はこの辺りでうまい酒が作られていて評判だったとか。

農村芸能の舞台

熊野神社

2階建ての建物に見えるけれど、真ん中の回廊をくぐって神殿側にまわれば、平屋の舞台に早変わり、という不思議な造り。神様とともに、村の人びとともここで演劇を楽しんだのだろう。しん、と静まり返った広場が明るい。

いまもここには良い風が吹いている。

西多摩郡奥多摩町小丹波 473
0428-85-2305
map 11

鳩ノ巣駅

HATONOSU STA.

奥多摩駅まであと2駅。駅を降り、近くの雲仙橋を渡り対岸に足をのばせば、落ちついた民家の間を歩く良い散歩コース。小さな寺社も意外と多く、鳩ノ巣渓谷の自然を楽しめる遊歩道もある。可愛らしい駅名の由来は、昔仲睦まじい鳩のつがいが、近くの水神社の森に巣をつくって評判になったことから。

店内では地元作家の個展も開かれている。

西多摩郡奥多摩町棚澤 380
0428-85-2158
10：00-18：00
http://www.yamabatonosu.com
月曜定休
map 12

町民やハイカーの憩いの場

喫茶 山鳩

自家製あんこたっぷりのあんみつ（緑茶付き、500円）。漬け物付きで甘い⇄しょっぱいの無限ループ。

ログハウス調の店内はあたたかい。オープン当初に「昼間に女性たちが集まって旦那の文句が言える…（笑）。そんな息抜きの場所を作りたくて」と思っていたオーナー、原島俊二さん。誠実な人柄で信頼も厚くこの辺りの歴史や地理にも詳しいことから、山帰りの登山者のファンはもちろん、地元の人々の語らいの基地になったり、こちらへ移住してきた若者の良い相談役となり、いまやこの地で誰からも愛されるカフェになった。

メニューの一番人気は、そばサラダ（ドリンク付、８９０円）。カリカリに揚げた極細ごぼう、シャキッとしたキャベツや胡瓜の山をかきわければ、蕎麦がチラリ。特産の柚子・七味・黒胡椒が効いたドレッシング感覚の麺つゆと絡めてすすれば、たまらない幸福感が訪れる。日替わりの定食メニューも美味しい。地元野菜や、青梅市内で安全・新鮮な野菜作りで大人気の川口農園さん、新田山ファームさんから届く野菜を使い、奥さんやお姉さんが心を込めて手作りしている。

カフェから少し足をのばし、多摩川にかかる雲仙橋を渡り歩いていったところに、山小屋風の外観が可愛らしい山荘も経営している。

我が家のようにくつろげる

山鳩山荘

西多摩郡奥多摩町棚澤 776
0428-85-2158
山荘コンドミニアム・和室・洋室
（大人）一泊二食付き　8,000 円
http://www.yamabatonosu.com
map 12

山の中の庵の、屋外にあるかまどさん。あたたかそうな湯気に包まれ、なんでもおいしそうな顔になる。上に乗せておいただけなのに、気づけばじゃがいももホクホクに焼きあがっている。ここはさしづめ天空の台所。

山住みの文化を受け継ぐ

天目指庵

御岳山の裏参道へと通じる山の中に天目指《あまめざす》という地名が残る。そこに、かつての山里のくらしぶりを今に伝える「天目指庵《あまめざすあん》」がある。ある晴れた1日、その様子を知りたくて、そっと覗かせていただいた。

どっしりとした造りのお屋敷はこの地に建てられてから、なんと300年を数え、初代の没年が元禄の年という記録も残っている。

この建物を守るのは、11代目当主加藤冨男さんと奥さんの勝代さん。

大人の両腕で一抱えもある立派な大黒柱は磨き込まれて黒光りしている。縁側では大根や椎茸、柿が干され、山の恵みを余さずいただく工夫がされている。ほとんど絶壁かと思う急斜面の坂畑《さかっぱたけ》も大事に耕しつづけている。

「家も畑も手を入れなくなったら、駄目になっちゃうでしょ」と笑って話されるが、大変なご苦労かと思われる。

※こちらは個人宅のため
非公開です。

かまどの周りには調理道具がぐるりと吊るされている。

木の実や煮物にわさび漬け、とりどりのお漬物にムカゴご飯。焼きあがったばかりのじゃがいもも添えて、心尽くしのご馳走に感激。

晴れた軒先でおしゃべりのひととき。屋根の向こうは山と空だけ。

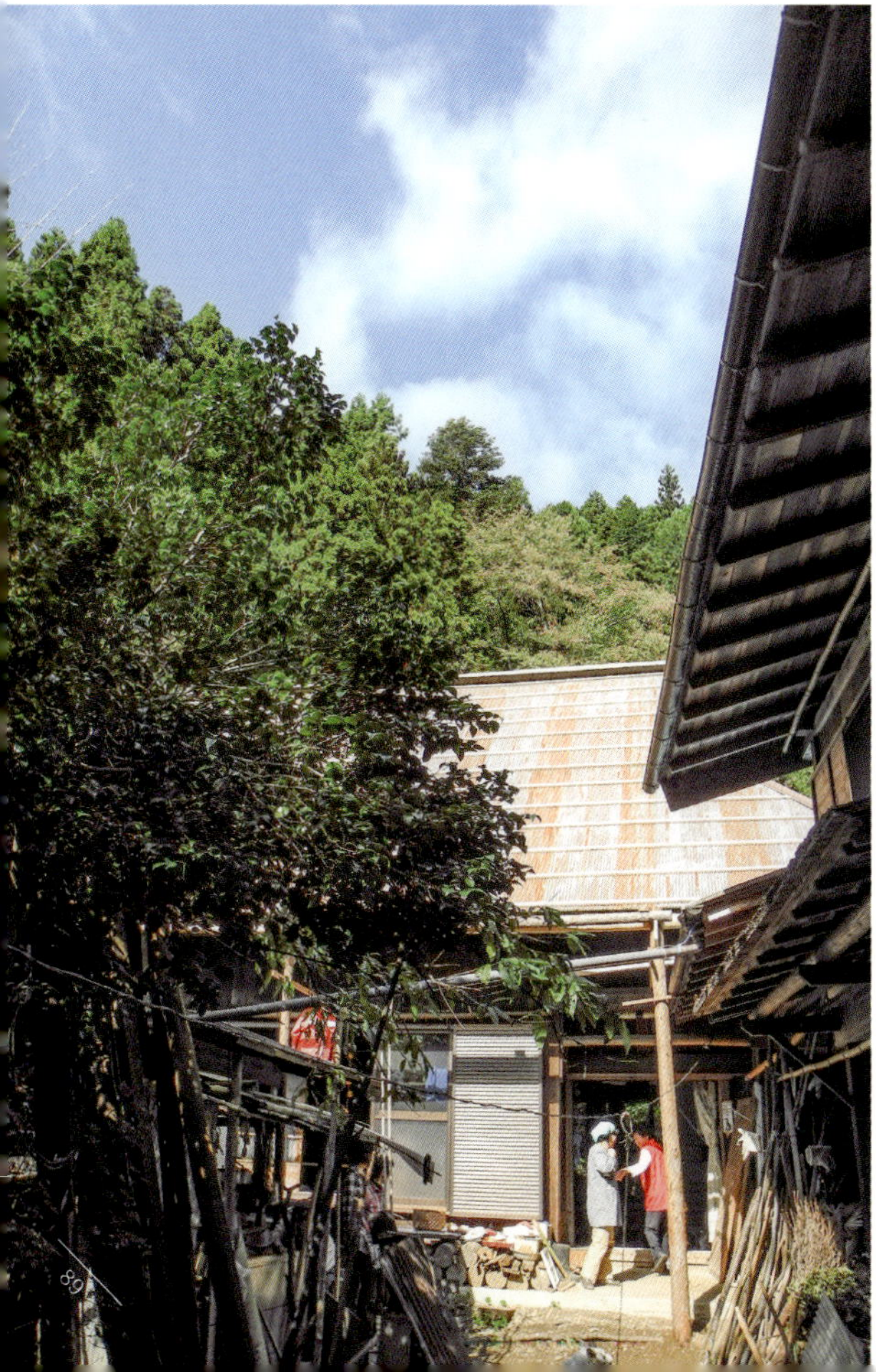

急斜面の坂畑。雨が多いと土が下に流れてしまうので、その度に上の方へ土を運ぶ。猪や鹿に一晩で作物を食られてしまうこともあるそうで、それを防ぐ手間は想以上。

白丸駅

SIROMARU STA.

青梅線の終点のひとつ手前の白丸駅。カヌーやカヤック、フィッシングなど、アウトドアを楽しめる白丸湖や、内部の見学※もできる白丸ダムへと、いってらっしゃい！

白丸駅のホームには、こんなかわいらしいドームのような待合室が。
しばらく電車が来なくても、あんしん、安心。

※ダムの見学日は不定。奥多摩町観光産業課（0428-83-2111）にお問い合わせください。

白丸駅を背に道を渡ると白丸湖へと降りられる。橋から見ている時は、ただの風景にしか感じなかったけれど、ここに来たら、そびえる山は圧倒的。自然のなかで生きていることを思い起こさせてくれた。

水辺で遊ぶ、思いっきり

River Base HALAU

River Base HALAUは御岳を拠点に、SUP、カヌーなど川下りを中心とした、自然と遊びたい人へと開かれた基地。教えてくださるのは、日本の川での第一人者でもある高畑将之さん。SUPとは、スタンドアップパドルの略。カヌーやサーフボードで海と親しんでいたワイキキビーチボーイズが、それらの道具を掛け合わせたことから生まれたスポーツだ。

今日は初心者でも比較的やさしい白丸湖でのレッスンを体験。パドルの持ち方や漕ぎ方のレクチャーを一通り受けて、最初は膝立ちの低い姿勢で恐る恐る水上へと漕ぎ出す。思いがけずツィーッと滑るように進む。まるで体の下で地球が移動してゆくような、普段感じる事のない特別な感覚に夢中になりそう！

この日はカヌー担当の安藤太郎さんも合流。オリンピックの日本代表ともなったその技はすごい、の一言。カヌーを体の一部のように操り、アクロバティックな動きでスイスイと川を進んでゆく。

高畑さんと安藤さんがハラウを始めたのには、"一緒に遊べる仲間を増やした

白丸駅

湖へと下りて行く途中、エメラルドグリーンの水が見えたら、ワクワクした気分も盛り上がります！

この日、一緒に参加した皆さんと。折り返し地点では温かいスープでひと時の休憩。いい笑顔です。

なんと、安藤さんのカヌーに一緒に乗せてもらうというスペシャルな体験も！

高畑さん。さすがの安定した立ち姿！SUPでの川下りのみならず、葉山の海でのツアーなど、精力的に活動している。

い”という思いがあった。川で遊ぶと言うことは、泳ぎやレスキューなどを学び、自然の中で自分をマネジメントできる、ということ。世界中で遊んできたお2人にとっても、ここ御岳は面白い場所。カヌーなどのパドルスポーツをやるには最高の場所だという。ここには、本気で自然と遊びたい人にとって最高の環境と仲間が揃っている！

青梅市御岳本町266
斉藤マンションB1F
0428-74-9266
9：00〜18：00
不定休／年末年始休み
http://halau.tokyo.jp/
map 10

奥多摩駅

OKUTAMA STA.

青梅線の終点に到着。ここが奥多摩駅です。駅の標高は東京都で一番高く、あと8メートル足せば東京タワーと同じ高さというから、オドロキ。改札を出ると、なんだかほっとするようなこぢんまりとした広場が目の前に。けれどここから先はもっと豊かで壮大な自然が広がっていて、「東京の奥座敷」とも呼ばれている行楽地。キャンプにカヌーに、山登り。降車したお客さんたちはいったいこれからなにを楽しむのかしら？近くには町役場や小学校、商店が並ぶ。呑み屋横丁もぶらっとするのに楽しい界隈。さて、私たちも歩きだそう。

改札を降りて振り向いてみた。
山をしょってる駅舎があらわれた。

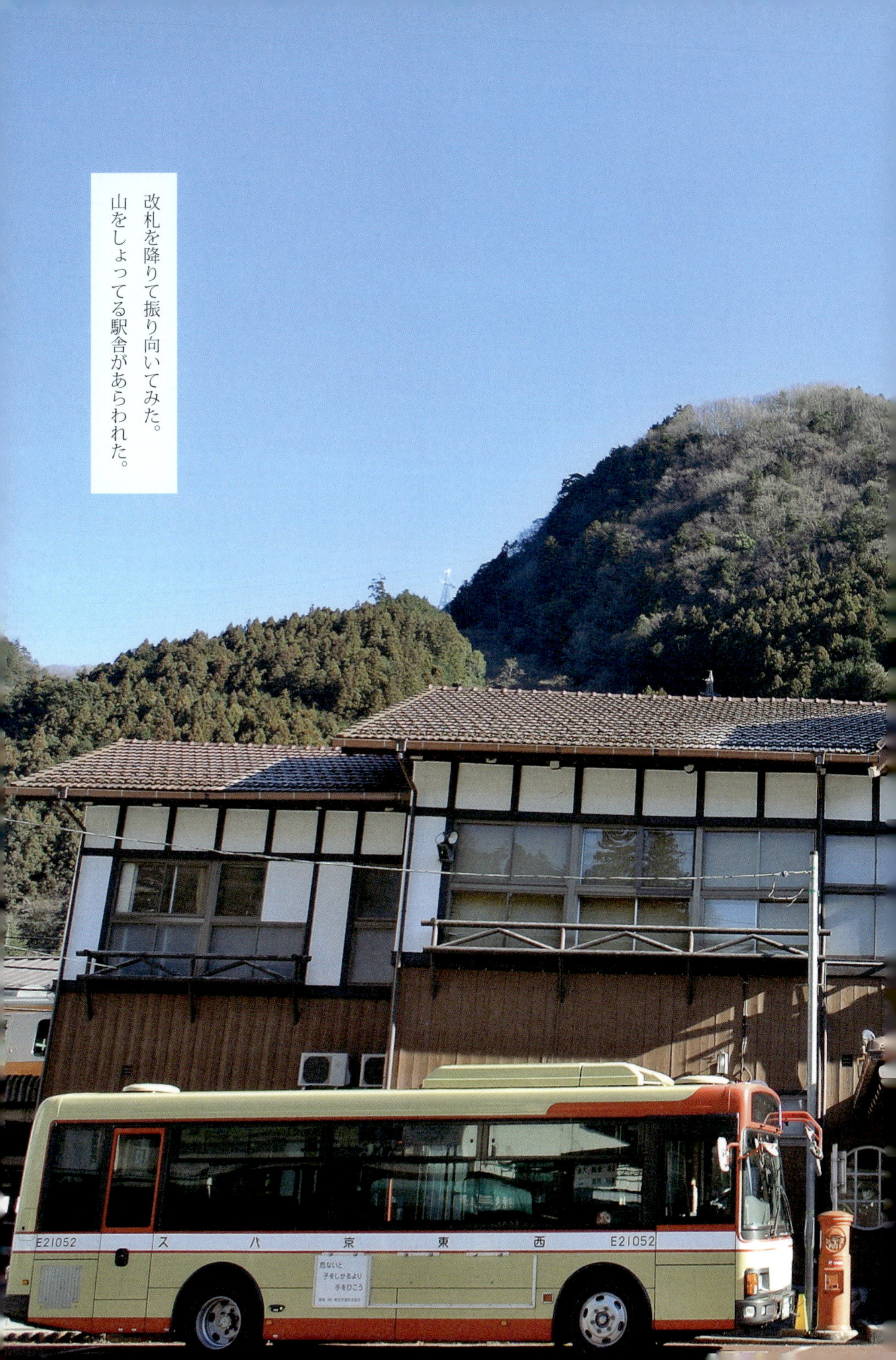

駅前には西東京バスのロータリーがあり、休憩所や土産物などを扱う氷川サービスステーションを併設。
平日は通学バスとして利用する子供たちの姿も。週末には、雲取山などの山に登るハイカーさんで行列ができる。

奥多摩湖方面行きのバスの終点は山梨県の大丹波村。

狭い路地に呑み喰い処がひしめきあう柳小路。

商店街の看板娘。

ビジターセンターの看板カモシカ。

昭和橋は印象的な赤い色。多摩川に日原川が合流する。駅から進んでこの橋を渡ると、こんもりしたフォルムの愛宕山（森林公園になっている）や氷川キャンプ場へたどりつく。

この辺りで一番古い歴史をもつ奥氷川神社。その隣にある八百屋さん、「本橋青果店」。

駅を出てすぐ左手にある観光案内所。
ひろーい奥多摩をどうやって遊ぶか、
迷った時の心強い味方。

ピルスナーやペールエールなど、さまざまなクラフトビールがある。各地のクラフトビールも引き続き、おすすめのものを置いていくそう。

西多摩郡奥多摩町氷川 212
0428-85-8590
11：00 - 22：00
（FOOD L.O. 21：00）
（BEER L.O. 21：30）
木曜定休
http://verterebrew.com/
https://www.facebook.com/verterebrewery/
map 15

ここで作るクラフトビール

Beer Cafe VERTERE

育てているホップの蕾。昔は修道院で育てられていたそうで、女性ホルモンを整える働きがあり、「ホップ農家にハゲはいない」とも？

左から辻野さん、鈴木さん、岩木さん。店内は自分たちでDIY。黒板の「TAP」とはビールサーバーの注ぎ口のこと。

実は、アルコールは苦手。ビールも飲めないって思ってたんだけど、ここのクラフトビールを飲んでから、「わあ、なにこれ?」って目覚めた。

奥多摩に今までなかったのが不思議なくらい、すでになじんでしまっているけれど、2015年にこの店をオープンさせたのはまだ20代の若者たち。オーナーの鈴木光さんと辻野木景さんは、高校の頃から「いつか仕事を一緒にしよう」と話していた友人同士で、大学もともに東京農大のお2人。それぞれ違う仕事から転職した。辻野さんは、高円寺にある麦酒工房で研鑽を積んだ。

「この土地で、自分たちで育てたホップでビールを作ってみたい」と話す2人。

ビールに香りと苦みをもたらすホップ、初めて見るそれは人の背丈を追い越して高くまで蔓がからまり、のびのび。鈴のように愛らしい蕾が実っていた。この土地にも順応したようで、鈴木さんもひと安心。手に取ったホップは柑橘のような香りがした。噛んでみると苦い。このホップを大麦からとった麦汁と混ぜて煮沸、さらに酵母を混ぜ発酵させれば、1〜2週間で出来上がる。取材を申し込んだ時はまだ認可待ちだったけど、その後OKが出て嬉しい限り。

「小麦を使ったビールは足が早いので、出来たてが一番、美味しさが味わえます。ビールに詳しくない、苦手な人にも世界にはいろんなビールがあるというところを見せたい。若い人だけじゃなく、近所のおじいちゃん、おばあちゃんにも来てもらってね」

すでに地元の人々にも愛されているお店。ビールに合う料理もあるので、あなたもぜひここで一杯「プハーッ」っと! 最高の1日になるはず。

比べて呑むのも楽しい。
利き酒セット（1,000円）

旬のお料理とお酒を心ゆくまで

あかべこ

西多摩郡奥多摩町氷川1446
0428-83-2365
17：00～23：00
火曜定休
http://akabeko.tokyo/
map 15

奥多摩名物のこんにゃく。ただのこんにゃくと侮るなかれ、その歯ごたえとみずみずしさにトリコになること請け合い。特にこちらのからし酢味噌は絶品！

手作りこんにゃく刺身（750円）

ちゃきちゃきとした気持ちの良い接客の梢さんと、料理への細かい気遣いが光る貴さん。

上・手づくりクリームチーズの味噌漬（750円）。
下・おくたまヤマメの唐揚げ（650円）。

夕暮れになると大きな提灯に明かりが灯る。お洒落なファサードにワクワクしながら店内へ入ると、温和な笑顔が素敵な荒澤さんご夫妻が迎えてくれる。

長年板前の修業をしてきたご主人の貴さんの腕は確か。奥多摩のヤマメやわさび、柚子といった地のものをいかした新鮮で味わい深い料理が味わえる。それに加えて利き酒師の資格を持つ奥さんの梢さんが、お客さんに好みを聞きながらおすすめの日本酒を教えてくれる。これはもう、呑助にとっても食いしん坊にとっても最高のお店。

ここは、元々貴さんの実家である荒澤屋旅館の厨房でした。勤めていた修業先から実家に戻って厨房で仕事をするうち、旅館の仕事に単調さを覚え、やりたいことをやるべき！と心に決め、約1年かけて店舗デザイナーとディスカッションしながら準備を進め、改装に着手。

その結果、美しい盛り付けと魚の焼ける匂いを目の前で感じて楽しんでもらえる、現在のお店が完成した。それは貴さんが以前厨房で感じていた物足りなさを埋める大きなよろこびだった。カウンター越しに地元の人に山のことを聞きながら交流できる今、お店を開いてよかった、と心から感じている。

大きな提灯と入口は雰囲気たっぷり。

デザートにさっぱりおいしいわさびジェラート（450円）。

自転車を手軽に借りて、もっと自然に近づこう！

TREKKLING

このお店の発案者でもある店長の沼倉さん。

西多摩郡奥多摩町氷川197
0428-74-9091/080-1024-4617
9:00～17:00（貸出し受付は15:00まで）
土日、祝日のみ営業
（来店前にお問合せください）
http://trekkling.jp/index.html
map 15

レンタサイクルのTREKKLING《トレックリング》は奥多摩駅から徒歩1分。年々利用客も増えているので、予定が決まったらまずは予約をおすすめ。15～20分程度の説明を受けてから出発する。走行中のマナーや、注意が必要な場所、乗る人の体力的なことも話しながら、おすすめのコースをくわしく解説してくれる。スポーツバイクが初めての方には、自転車の扱いや乗り方から教えてくれるので安心。

こちらを利用する時に、ぜひやってみたいのは奥多摩から青梅までを下っていくコース。ゴールの青梅市内には協力店があって、そちらに乗り捨てが可能なのだ。坂道を上っていくのは覚悟が必要だけど、風を切って下っていくのは想像しただけでワクワクする。

店長の沼倉さんは「自転車で走ると新しい発見がある。やっぱりこの地域が好きなので、奥多摩を知ってもらう取り組みをずっとやっていきたい」そのためにも、安全な乗り方の啓蒙と新しいコースの発見に、日々力を注いでいる。

西多摩郡奥多摩町氷川 702
氷川キャンプ場内
090-3518-2516
土　Lunch 12：00-16：00
（16：00-21：00 は貸切のみ）
日・祝　Morning 9：00-10：30
Lunch 12:00-16:00
4 月～ 11 月の土、日、祝日営業
http://www.cafekuala.jp
Twitter: twitter.com/cafekuala
map 15

森のなかで人をつなぐ

カフェ kuala

パンケーキアフォガード（700 円）。ふかふかのケーキの上に香り高いエスプレッソと温かいソースをかけて。

氷川国際キャンプ場のなかにある、ログハウス調の可愛らしいカフェ「kuala《クアラ》」。キャンプ中の人達の楽しそうなざわめきが聞こえてきて、「ここでキャンプすれば昼はＢＢＱ、朝食はここでって楽だよなあ」と思ってしまう。そんな期待通り、日曜の朝はモーニングもやっている。お日様色のシロップと爽やかな泡が美しい奥多摩産の柚子を使った手作りの柚子トニックや、山の湧き水で淹れたコーヒー、パンケーキのアフォガードなど、ハイキングで歩き通しの身体を癒すのに十分すぎるほど魅力的な、心くすぐるメニューがいっぱい。

　多摩川とその支流・日原川の合流するところにあることから「流れの集まる場所」と名付けられたこのカフェ。キャンプ用具のレンタルや、アウトドアウェディング、TREKKLING（右頁参照）とのコラボなど盛り上がる企画も。人の集まる場所で「人をつなげる」役割も楽しんでいる。

車麩のカツレツやアボカドをはさみ、わさび醤油をかけたバーガー、ごろごろ野菜の豆乳スープ、ドリンクバーなどがセットになったバーガーランチセット（1,200 円）。1 日 10 食限定。

音楽と料理の楽しいコラボ

蕎麦太郎カフェ

店内では不定期でナイトライブやDJによる音楽イベントも！

西多摩郡奥多摩町氷川 397-1
氷川国際ます釣り場 2F
0428-83-8160
11：00 - 18：00
3月～11月無休、
12月～2月月曜定休
http://okutama-unite.com
map 15

キラキラのミラーボールが浮かぶ、何か楽しいことが起こりそうな雰囲気。本格的な手打ち麺も、タイグリーンカレーも、スイーツも出てくる。氷川国際ます釣り場施設内にあるため食事しながら川辺を眺めて「アッいま釣れたでしょ！」なーんて、釣りの感動もご一緒できたり。

ここのマスター舩越章太郎さんは元ギタリスト。開放的な人柄ゆえか、老若男女問わず、この地に暮らす人たちが気軽に立ち寄り、世間話をしていくのが微笑ましい。彼が打つ評判の「麦切り」は、昔から食べられていた大麦が主原料の郷土の食。この店では小麦と大麦をブレンドし、捏ねている。蕎麦でもなく、うどんとも異なった独特の歯触り。幅広の麺を噛み締めれば味の輪郭がしっかりと立ち上がってくる。それが葱とにんにくの香味油、ピーナッツペーストと奥多摩産麦味噌のこっくりとしたつゆと絶妙に絡まって、新しい逸品に変身、おかわり間違いなしの美味しさ！

右は手打ち麦切り（800円）。左のアンブリュレ（400円）は注文が入ってからバーナーで香ばしく焼き上げる。カラメルを割ると、中からカスタード、底には塩あんがしのばせてある。

おいしいきのこと、やさしい時間

SAKA

cafe&restaurant

秋川牛と奥多摩しいたけのハンバーグ（サラダとスープ、ご飯付き1,300円）。椎茸を刻み肉質の柔らかい秋川牛に混ぜたハンバーグは、旨味もボリュームもたっぷり。玉葱の和風ソースをかけてどうぞ。

「上り坂はきついけど、それに耐えて登ってゆけば、その先には明るい希望が待っている。」店名にそんな思いが込められたレストラン「SAKA」。ここは障がい者を支援する東京多摩学園が、知的障がい者と、地域の方とのかけはしにと始められた。学園生の心身を健やかに保つため、裏手にある学園では急坂を利用して椎茸や山菜、健康に良いウコンを栽培。安全で美味しいとれたての椎茸をふんだんに使用したハンバーグやパスタなど、本格的な料理がリーズナブルに味わえ、オープン以来、たちまち人気の店に。学園生もトレーニングを受けサービススタッフとして参加。学園長の山下卓さんは「学園生も、スタッフも、私にとっては皆うちの子、もう家族のような存在。この奥多摩の自然のなかで、めいっぱい、逞しく元気に生きています。自分たちが作ったものがちゃんと評価され、安心でおいしいものをお客様に届けられたらすごく嬉しい」

前菜には身体に嬉しい自家製ウコンシロップドリンクも。学園で栽培しているウコンを使用。

個性的な建築で評価される、棚田建築システムと象設計集団の手によるレストランはテラスも室内もあたたかい雰囲気。

安全で質の高い椎茸は奥多摩ブランドとして、大手スーパーでも手に入る。

西多摩郡奥多摩町海沢 564
0428-85-8155
11：00 - 16：00（L.O.15：30）
日・月定休
http://www.tama-gaku.com
map 16

この地で紡ぐ、色と手触り

山《さん》染《せん》紡《ぼう》

西多摩郡奥多摩町氷川 272-1
オープン工房
0428-83-2784
13：00 - 16：00
毎月第３木曜日（７・８月はお休み）
要予約　500 円＆材料費
http://sansenbou.blog.fc2.com
mail: sansenbou.gmail.com
その人のペースに合わせて
教えてくれる
map 15

あたたかな風合いが素敵な毛糸のブローチを見つけた。私のバッグにも合うかしら、と手に取り眺めていたら、「あら、これは島崎さんの作品ね」とすぐに編み手が分かってしまう。長年一緒にやってきた仲間だから、使う好みの色や編み方の癖までわかってしまうなんて、さすが。

紡ぎから染め、編みまでを手がけている工房のメンバーは、奥多摩に暮らしているお母さんたち。販売するのは厳しいチェックを通った作品。30年以上経っても色あせず、軽くて暖かいと、ここで購入したセーターを長い間お気に入りにしている人も多い。

実は、奥多摩には羊がいたのだ。嘘のようで、ホントの話。数十年前、町の過疎・産業振興政策のひとつに、ジンギスカンでまちおこしをしようという取り組みがあって、その羊の毛を活かすためにこの工房「山染紡《さんせんぼう》」ができた。ふだんの制作はそれぞれの家事の合間にしているそうで、月に数回定期的に集まり、紡ぎや染色方法の勉強や、原毛染めなどをみんなでやる。岩手や北海道の牧場へ研修旅行にもみんなで行ったりと、創意工夫しながらの30年。「忙しいなかでも、作ることの喜びがあるから、みんなで話し合い仕事を分担し、続けてこれました」

節目を迎えた今、オープン工房を開き、あたらしい風を入れようとしている。

紡ぎ車を回しながら、編む手を動かしながら、今年の葉っぱを使ったら良い色に染まったわ、とか、このストールいいわねえ、と楽しい会話は弾む。笑い話に興じたり、誰かの相談に乗ったり…山に近い村ならではの、あたたかいつながりがある。きっと、暮らしのなかでの嬉しいことや大変なことを、話しながらやってきたのだろう。彼女たちは編むこと紡ぐことが生活のなかに溶け込んでいて、まるでなんでも生み出してしまう、魔女のよう。わたしも仲間になりたいなあ。

スピンドルで手紡ぎ。「気持ちが落ちつきます」

手直しもお手のも

むかし道を辿る

おやつとお茶を持って紅葉狩りを楽しみに出かけたのは、ハイキング気分で歩ける「奥多摩むかし道」。奥多摩駅のある氷川地区からスタートして、人造の貯水湖、奥多摩湖のある小河内地区まで続いている。昭和に新道ができるまでは、東京と山梨を結ぶ、生活に欠かせない道として日々使われていたそう。素晴らしい自然の景色のなかに、歴史を感じさせるスポットが道の所々にあって、何度歩いても楽しいコース。

槐木 Saikachigi

羽黒坂 Hagurozaka

Let's go!
むかし道入り口
the starting line of Mukashi Michi

急斜面には石灰を運んだトロッコの線路跡が…。

☆徒歩で往復すると時間がかかるので、片道はバスを活用するのが一般的な楽しみ方。

☆所々で新道と交わるので、時間を省略したいときはバスを使い、途中から歩き始めることもできる。

☆電動自転車やスポーツバイクでアクロバティックに、むかし道を辿ることも可能。（102p の TREKKLING へ）

むかし道の情報なら、駅を出てすぐの奥多摩町観光案内所へ。

0428-83-2152
8：30～17：00
年中無休（年末年始を除く）
http://www.okutama.gr.jp

いろは楓
Iroha kaede

下方に腕が入るほどの穴がある大きな岩。

弁慶の腕ぬき岩
Benkei no udenuki iwa

不動の上滝
Fudo no kamidaki

白髭神社と大岩
Sirahige Shrine & Quaywall

石灰岩の大岩 がかぶさる白鬚神社。毎年８月、ここで獅子舞が舞う。

馬の水のみ場

Uma no mizunomiba

馬の水のみ場。かつて近くには茶店もあったそう。

牛頭観音さま

Gozukannon

牛も馬と同様、荷物を背負って歩いてくれる大切な存在。交通の安全を祈って。

しだくら橋

Shidakurabashi

巨岩がごろごろした渓流の上にかかる吊り橋。かなり揺れるので、渡るのは5人まで！

Let's take a break!

日だまりのなか、休憩中の年配のハイカーさんたち。おやつを広げて、おしゃべりタイム。

中山集落の
急峻な眺め

A wonderful view
of Nakayama syuraku

奥多摩湖 小河内ダム

Ogouchi dam of The Okutama Lake

奥多摩湖は小河内村集落が湖底に沈む、人工の湖。工事着工までには村民の多大な犠牲の上に長い歳月がかかったけれど、ダム造成に携わる多くの技術者が移住し、村ができるほど活気づいたそう。

山の上までくると、いきなり視界がひらけて、うーん！気持ち良い！
はるか先に見えたのは、豊かな水をたたえる奥多摩湖。

むかし道 終点近く

燃えるように艶やかな紅葉が透けて光っている。

ススキの穂に光の粒！

カサカサ♪と楽しい音をたてる枯葉をかき分けながら歩こう！

青目立不動尊休み処
西多摩郡奥多摩町境 1139
0428-86-2230
9:00 ～ 17:00
木・金定休（4/1 ～ 12/20 前後）
冬季営業期間中は月～木定休（1/10 ～ 3/31）
http://www.okutama-aome.com

Let's eat lunch!

水根の休憩処にてお昼ご飯

終点の少し手前までいくと、見晴らし最高の休憩処がお待ちかね。縁側から奥多摩湖を見下ろしながら、手打ち蕎麦（700 円）や 3 種のさしみ蒟蒻（300 円）、おしるこ（400 円）でお腹を満たそう！

バスを使い奥多摩駅へ

Enjoy onsen on a day trip.

日帰り温泉で疲れを癒す

奥多摩駅から歩いて 5 分ほどの玉翠荘では、日帰り入浴ができる。プラス 300 円でお茶とコーヒーが飲み放題、眺めの良い広間で 1 時間休憩も可能。

旅館 玉翠荘（日帰り温泉もあり）
西多摩郡奥多摩氷川 160
0428-83-2363
12：00 ～ 18：00　不定休
http://www.gyokusuisou.com
日帰り温泉の入浴　大人 750 円
map 15

青梅線の終着駅から
さらに足をのばして

小河内 OGOUCHI
日原 NIPPARA

小河内と日原の2つの地域。電車の駅からも遠く離れ、いよいよディープなエリアへ。小河内の集落は奥多摩湖の先。うねうねとしているけど湖沿いの道路は開けた眺めで、気持ちの良いドライブ。奥多摩駅を出て日原川に沿ってどんどん進んでいく日原。立派な巨樹や大きな鍾乳洞に、大自然がこんなに身近にあったなんて、と驚かされる。

湖の先に見えるのは廃校
になった小学校。
ここを舞台に、なにやら
新しい活動がはじまって
いるよう。
カヌーの工房になった元
教室へお邪魔しました。

現代の技術でつくる、美しい木製のカヌー

mount scape

小河内・日原

湖に浮かぶ勇姿。いずれは白丸湖に常にカヌーを置いておいて案内するツアーや、自分でパドルを制作して漕いでみるワークショップなども計画しているそう。

カヌーのタイプによって、いくつか型の形があり、カーブに合わせて杉の細材を貼っていく。

全長15フィート（約4.6m）にもなるカヌー制作には、5mの材料が置ける場所が必要。

現在は廃校になった小河内小学校の図工室。ワクワクしながら中へ入ると、子供たちの残した大きな紙人形が目を引く懐かしい雰囲気の部屋に、制作途中の大きなカヌーが並んでいる。

木目の美しいカヌーは、カーブに合わせて杉の細材を貼っていくという。現在は材料を長野の天竜から入手しているけれど、「いずれはこの土地の間伐材を製材しカヌーを作り、白丸で遊んで、また植林する、っていうサイクルを作りたい。こうして考えると、木に近づいてる、っていう実感があるね」。

mount scape《マウント スケープ》の由来には水面の視点、一番低いところから山の景色を見て欲しい、という思いが込められている。川に浮かべたカヌーの上で飲むコーヒーも楽しみという山崎さんは、「しんどいことはなしで、ただ四季の変化を川の上で楽しんで欲しい」と笑顔を見せた。

楽しそうに話してくださった山崎さん。

奥多摩町留浦1237　小河内小学校内
http://craftmountscape.wix.com/mountscape
map 17

地下世界を探検しよう

日原鍾乳洞

奥の舞台の眺め。洞内は一年を通して 10 度前後で、夏は涼しく、冬暖かく感じる。

日原集落を横断する日原街道をそのまま進んで行くと、遠近感が分からなくなるくらい巨大な、露出した岩肌がそびえ立つ景観が出現！ どこもかしこも岩・いわ・岩…で圧倒される。日本鍾乳洞九選にも選ばれている日原鍾乳洞は、そんな景観が反転したかのような不思議な世界を探検できる、おすすめのスポット。

鍾乳洞は雨水の中に含まれている炭酸ガスにより、石灰岩が溶け出して形成されたもの。旧洞は鎌倉時代からの山岳宗教の修行の場で、当時の案内には松明を使っていたから、岩壁は煤で黒々。

新洞は１９６２年の発見。照明設備が完備されるまではカンテラを持ち、暗い洞内を進んだというから、とにかくスリル満点だったのでは。耳を澄ましていると、水の流れる音がどこからか聞こえてくる…。どうやら洞の入り口を横切る日原川へと流れ込む音らしい。地上も地下も、どこでどうつながっているか分からない。通路や大空間は起伏が多く出口に着く頃にはひと汗かいているかも？

鍾乳洞入り口。その後ろにそびえるのはツバメ岩。

岩にはさまれそう！

フェンスが張り巡らされた回廊。荒廃した近未来の地下世界に入り込んだような…。

立派な石筍には「金剛杖」など、強そうな名が。

西多摩郡奥多摩町日原 1052
0428-83-8491
12月～3月 8：30～16：30
4月～11月 8：00～17：00
年末年始（12/30～1/3）休み
入場料　大人 700円
中学生 500円、小学生 400円
map 18

清々しい自然のなかでのピラティス

Rainbow House 奥多摩

民家を借りＤＩＹを楽しみながらオープンしたレインボーハウス。太陽光発電も取り入れている。巨樹を見て山に一泊、朝日を見ながらのヨガを組み合わせた自然を満喫できるトレッキングコースもあり。

落ちついた照明のなか、真ん中にどん、と置いてあるピラティス専用のベッドは、オーダーメイドの１点もの。仰向けになり、エクササイズを受けると、終るころには汗が吹き出て、お腹に力が戻り、姿勢が変わる実感。全ての動きが呼吸と一体となっていて、ヨガと同じように精神の安定にも効果があるような気がする。

西多摩郡奥多摩町日原 820
090-6027-5509
http://rikuozeki.com
予約は http://rikuozeki.com/contact
map 18

１回体験　6,480 円
割引料金で利用できる回数券もあり。

爽やかな印象のピラティストレーナー、小関陸史さんはプロサーファーを目指していた。24才の頃、競技中に腰を痛めてアメリカでピラティスを受け、身体が癒される素晴らしさに感激。自らも学んでみたくなり、「今度は自分が誰かの役に立てたら」と、身体を激しく酷使する選手たち、生活習慣の癖や怪我などで不調が続く人をサポートする魅力にはまった。奥多摩へやってきたのは、何事もスピードの速い都心では、回復してもすぐにもとの症状に戻ってしまうことが気になっていて、自然のなかでやってみたらどうなるんだろう？　と思ったから。

「ここでピラティスを続けていると心も身体も健やかになれます。川の音、森の匂い…。五感が高まり、自然から受け取る恵みもさらに多くなります。体質の改善も早いですよ。」午後にカヌーを、なんて楽しみ方をする人も！

日原には巨樹が多い。日原鍾乳洞の後ろに控える金袋山では、ミズナラの巨樹に出会える。幹の中ほどに大きなコブができていて、立派な佇まいのなかにもユーモラスな表情。

ペンダントライトは、落ち着いたたたずまいで周囲を和ませる。

この地ゆかりの作家さん

青梅・奥多摩で活動する多くの作家さん。広い工房を求めての移住であったり材料を手に入れる利便性であったり、はたまた人のご縁があったり…。

その理由は様々ですが、ともかく魅力的な方々がいらっしゃいます。

素晴らしい作品の数々に、触れてみてください。

つややかな表情を見せる漆器の椀。口当たりもやさしく、冷たさがないので料理がおいしい。ぜひ、手にとって触れてみて。

家具屋 椿堂
羽尾 芳郎さん

奥多摩町丹三郎 121-5
作業場見学も可（要予約）
見学時間：月〜土 10:00〜18:00
http://www.tsubakidou.com
map 11

椿堂さんの家具は誠実な仕事ぶりがうかがえる端正な仕上がり。注文家具は、使い勝手がいいように何度も試作するから、どうしても時間がかかる。大人か子どもか、使う人によって気を使うところが違う。お待たせしているやましさはあるけど、頼んでもらった以上、そこは粘ってやっている。

木工の道に進んでから、やめようと思ったことはない、と言う羽尾さん。「休みが欲しいと思わない。ずっと作業をしているのは楽しいので全然苦じゃない。本当に天職」。

木の器 工房まりも屋
サタケ マユミさん

青梅市友田 2-688
月〜土 11：00〜17：00（変更の場合あり）
工房見学可（要連絡）
https://www.facebook.com/marimoya.kinoutuwa
marimoya04@gmail.com
map 3

青梅に工房兼ショップを構えて4年。まりも屋の漆器は、軽くて手に持つとしっくりと馴染む。

石川県で生まれ山中塗りの職人を父に持つ、サタケマユミさん。しかし幼い頃はそんな環境を古臭く感じて早く家を出たかった。やがて東京の美大に進み、油絵を専攻していたけれど、違和感を覚えるようになり、さまざまな表現に挑戦。しかし、やればやるほどモヤモヤはおさまらない。1人旅をして、日本中を転々として実家にもどり、漆器の椀でみそ汁を飲んだ時、ふいに何かがストン、と腑に落ちた。漆器っていいな、これをやりたいな、と思った。

「器というのは人が使って初めて完成するものだから、日常の一部にしてもらえることで人とつながりたい。今は、もっと漆器を知ってもらって、使ってもらいたい。一目見て『これ、まりも屋でしょ』て言われるような器を作っていきたい」

スミレ窯

生活に溶け込む
使いやすいティーポット。

エミケン

人の輪が広がる
素晴らしい工房体験。

ニレ工房

なだらかな木のうねりを活かした、子鹿のようなスツール。

石黒廣洲さん

小さなペンダントサイズのラブスプーン。
「ハート」と「蔦」がモチーフ。

この地ゆかりの作家さん

Great Mushrooming

森の空気をそのまま
運んできたような
キノコ型のランプ。

Rainbow Leaf

美しい輝きと
ぽってりした丸みが愛らしい。

The Dandelion Press Bear

大人が素直にかわいい
と言ってしまう甘過ぎない
魅力のベア。

スミレ窯

陶芸家
スミレ窯　遠田 草子さん

素朴な色合いで温かさを感じさせる遠田さんのつくる陶器はとにかく使いやすい。もしかしたら、お皿を一枚だけ見たら、地味かなー、と感じる人もいるかもしれない。けれど、ひとたび使ってみるとお料理の魅力をグンと引き出して、お皿共々輝き始める。毎日、どんな献立でも使いたくなる、そんな器はなかなかない。いつも使う人のことを考え抜いて初めて作品にしているのだ。だからこそ、花器もカップも、いつもそばで仲良くしたい愛おしい存在になる。

個展のお知らせはこちらをご覧ください。
http://www.facebook.com/kayako.tohda

椅子やカバンも見られる広々とした気持ちの良いショウルーム

エミケン

注文家具工房
エミケン　佐藤 健一さん・エミさん

こだわった仕上げの家具や人気のちゃぶ台などを手がける家具職人の佐藤健一さんと、鞄などの皮革製品を制作するエミさんご夫妻。近頃は、アウトドアの趣味を生かして屋外へ持ち運べる椅子を作ったり、初心者歓迎のバターナイフづくりのワークショップも開催している。今回参加したクリスマスツリーづくりは、広い工房で工具の使い方を教わったりしながら大人も子供も真剣。作品が完成した後は、エミさんによる本格的なお菓子の数々に舌鼓。充実した時間を過ごした参加者同士はいつの間にか仲良しに。人の輪が広がる素晴らしい１日になった。

西多摩郡奥多摩町氷川 17-1
www.emiken.com
ワークショップの開催・
ショウルームのオープン日
などは HP をご覧ください。
map 16

ニレ工房

木工作家
ニレ工房　小山 勲さん

漆・指物・寄せ木からろくろ成形まで、あらゆる技術を熟知している小山勲さんは、地元の木材をメインに使い、ものづくりをしている。御嶽駅近くの工房では、木にふれる楽しさを皆と分かち合いたいと、木工教室もオープン 。ブローチ、箸からテーブルまで、作りたいものがあればじっくりと何でも教えてくれる頼もしい先生。アイディアに溢れた作品たちのなかから、いまにも動き出しそうなユニークなスツールをピックアップ。

青梅市御岳本町 401-8
042-332-2888
http://mokkobo-nire.com
月（第一月を除く）・火
10:30-16:00
map 10

石黒廣洲さん

木彫家
石黒廣洲さん

「ラブスプーン」。17 世紀のイギリス・ウェールズ地方では、若者が愛する人に自らの気持ちを伝えるため、様々な意味が込められたモチーフを組み合せてスプーンを彫りあげ、贈りものにしたそう。ハートのモチーフには「愛」、葡萄の蔦は「愛が育っていくこと」など。木彫家・石黒廣洲さんはこの素朴で心のこもった愛らしい風習を気に入り、ラブスプーン教室を、自宅工房にて開いている。相手との思い出のモチーフや日本ならではのモチーフで作ってもきっと面白い。こんな贈り物、もらってみたい。

教室についてはこちらから
お問い合わせください。
h5m7a3h2@mxa.mesh.ne.jp

この地ゆかりの作家さん

Great Mushrooming

造形作家

Great Mushrooming　髙野 幸雄さん

まるで森のなかの一部を切り取ってお部屋に持ち帰ったような気分になる、愛らしくて、リアルな印象のキノコたち。

暗い部屋でじっと眺めていれば空想の世界に入り込みそう。

自然の素材を生かしつつ、独特の現実とファンタジーのバランスを表現している電池式のランプは、持ち歩いて好きな場所で楽しんで。


個展のお知らせはこちらをご覧ください。

www.geocities.jp/youkeepon/

Rainbow Leaf

ガラス作家

Rainbow Leaf 平岩 愛子さん

「きれいだなぁ」カメラのファインダーを覗きながら、思わず声がもれてしまう。柔らかい色とその光にみとれてしまう。

リサイクルガラスの輝きに魅せられて沖縄の琉球ガラスの工房で修業をした平岩さん。職人さんの世界に単身で飛び込み、慣れない環境の中で一人前になろうと必死に学んだ根性の持ち主。

最近は日本民藝館の賞を受賞するなど、目覚ましい活躍を見せる。工房に併設したショップで作品に触れて、ぜひお話をうかがいたい。

青梅市新町 2-34-10
0428-31-0966
※作業中は留守電対応
http://www.rainbowleaf.jp
11:00 - 17:00
map 2

The Dandelion Press Bear

テディベア作家

The Dandelion Press Bear 外間宏政さん

背中の瘤やなで肩、大きなおでこに個性をまとい、じつに可愛らしいテディベア。アトリエの戸棚には珍しいベアたちだけでなく、こけしからフェーブまで、仲良く並んでいる。「可愛い」の包容力が広い外間さんの手から生み出されるのは、いちど出会ったら忘れられない子たちばかり。「可愛い子ができたら鞄に入れ、外に連れ出して呼吸をさせます。僕が作った時は 100% じゃなくて、みんなに出会って初めて成長するんです。」
作品展や 1 Day レッスンのお知らせは HP にて。

tdpb-hokama-h.com/

あそぶ

買う

見る

泊まる

INDEX

食べる

カフェ

和菓子

工房

おでかけmap

MAP1
東青梅駅
Boulevard
西友
中央図書館
東急ストア
トスカーナ
河辺駅
BAKERY
麦の芽
クレープ
コロモ
総合体育館

MAP2
Rainbow
Leaf
マルポー
河辺駅
小作駅
5
青梅街道

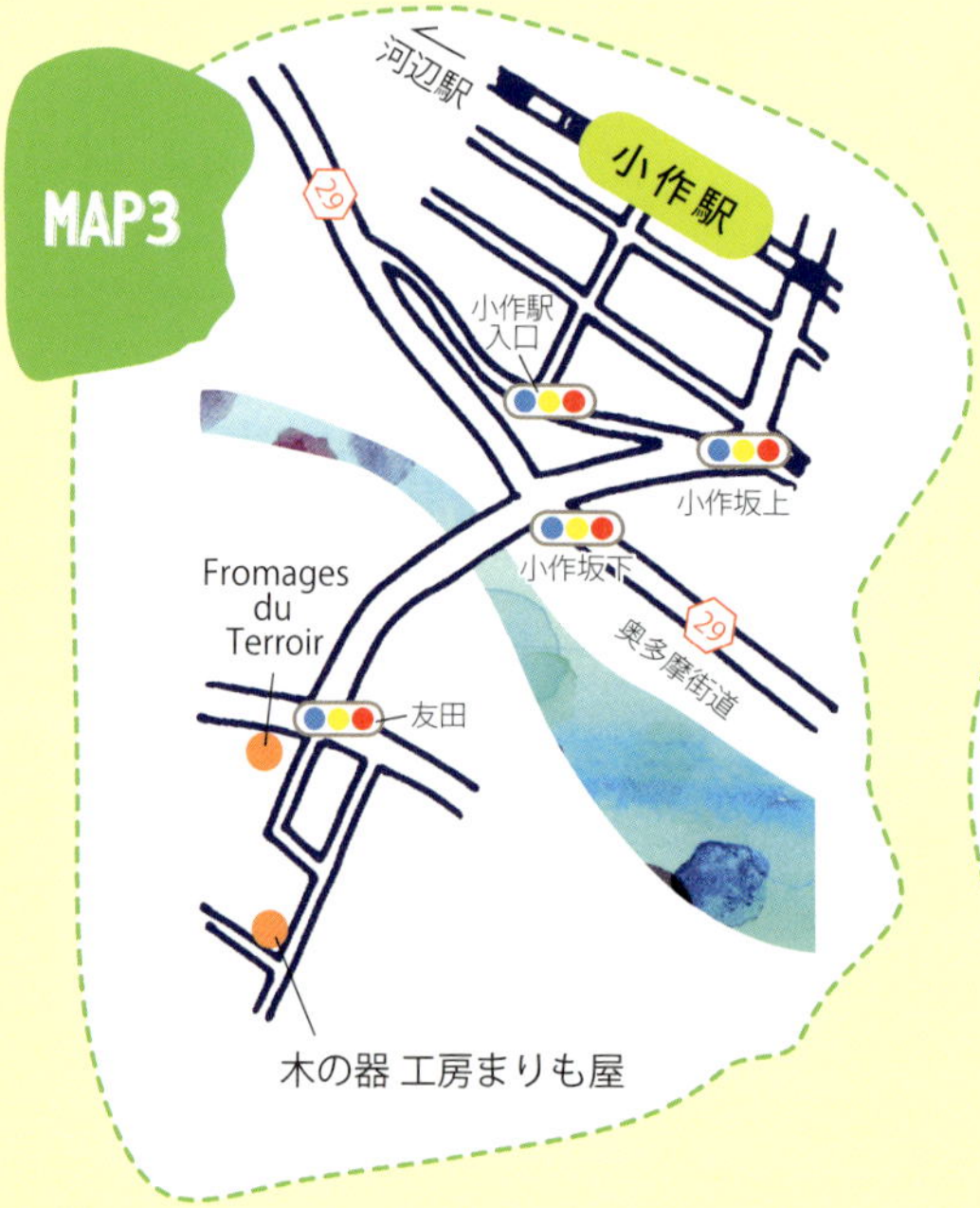
MAP3
河辺駅
小作駅
29
小作駅
入口
小作坂上
小作坂下
29
奥多摩街道
Fromages
du
Terroir
友田
木の器 工房まりも屋

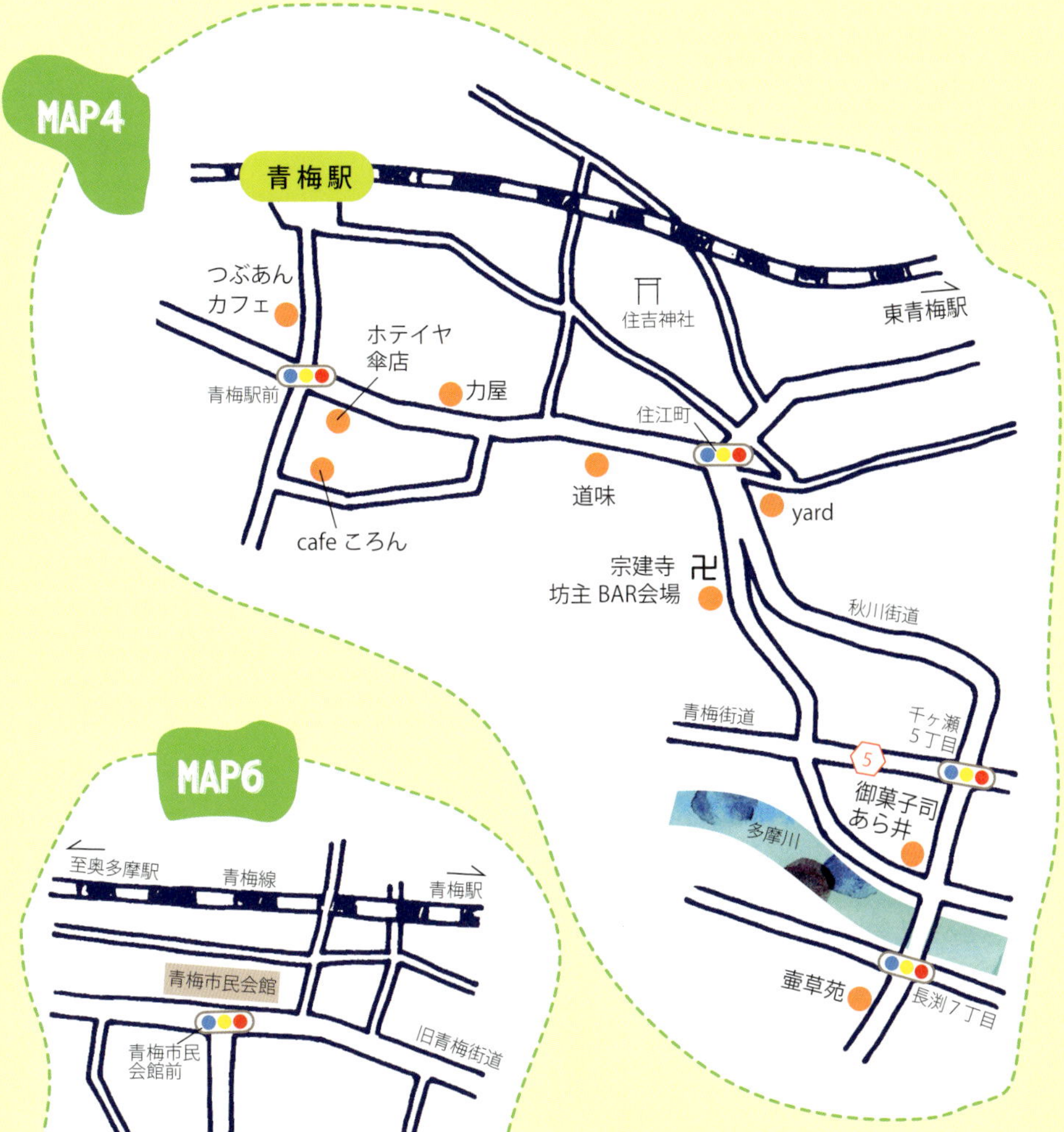
MAP4
青梅駅
つぶあん
カフェ
ホテイヤ
傘店
力屋
住吉神社
東青梅駅
青梅駅前
住江町
道味
yard
cafe ころん
宗建寺
坊主 BAR会場
秋川街道
青梅街道
千ヶ瀬
5丁目
5
御菓子司
あら井
多摩川
寿草苑
長渕７丁目

MAP6
至奥多摩駅
青梅線
青梅駅
青梅市民会館
青梅市民
会館前
旧青梅街道
青梅市民
会館南
cafe Niugini
（清宝院内）
清宝院
青梅街道
5
O' terra Market
会場
梅菓匠
にしむら

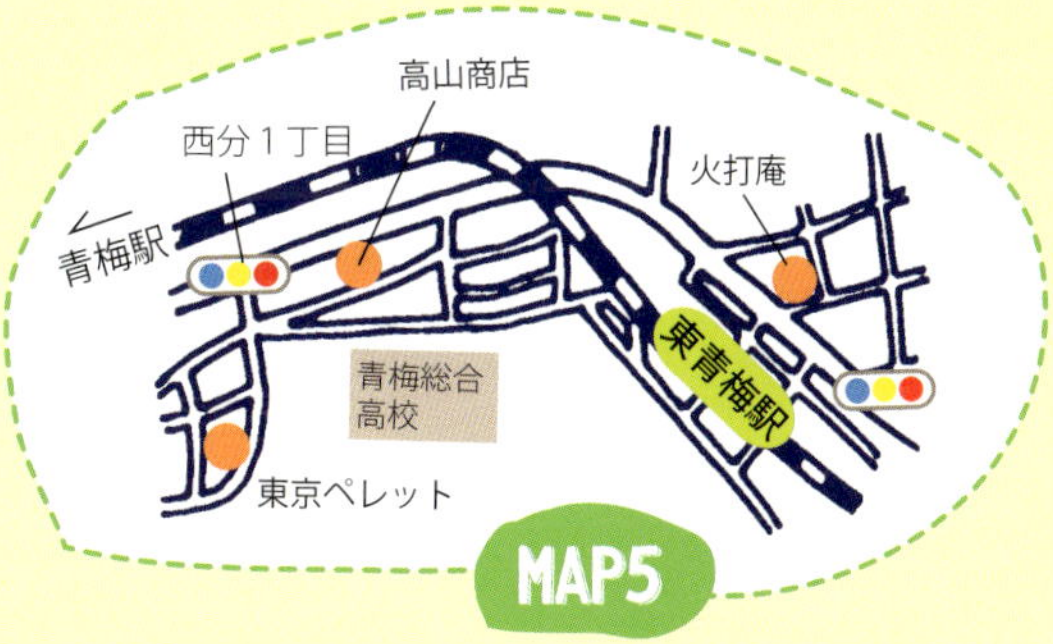
高山商店
西分１丁目
火打庵
青梅駅
東青梅駅
青梅総合
高校
東京ペレット
MAP5

MAP7
日向和田駅
至青梅駅
美よしの園
ムラウチ
ホビー
紅梅苑
梅郷４丁目
は万の
梅の公園
入口
和田輪店
青梅街道
411
多摩川
青梅
クラフト館
うめがた園
梅ヶ谷峠
入口
uori

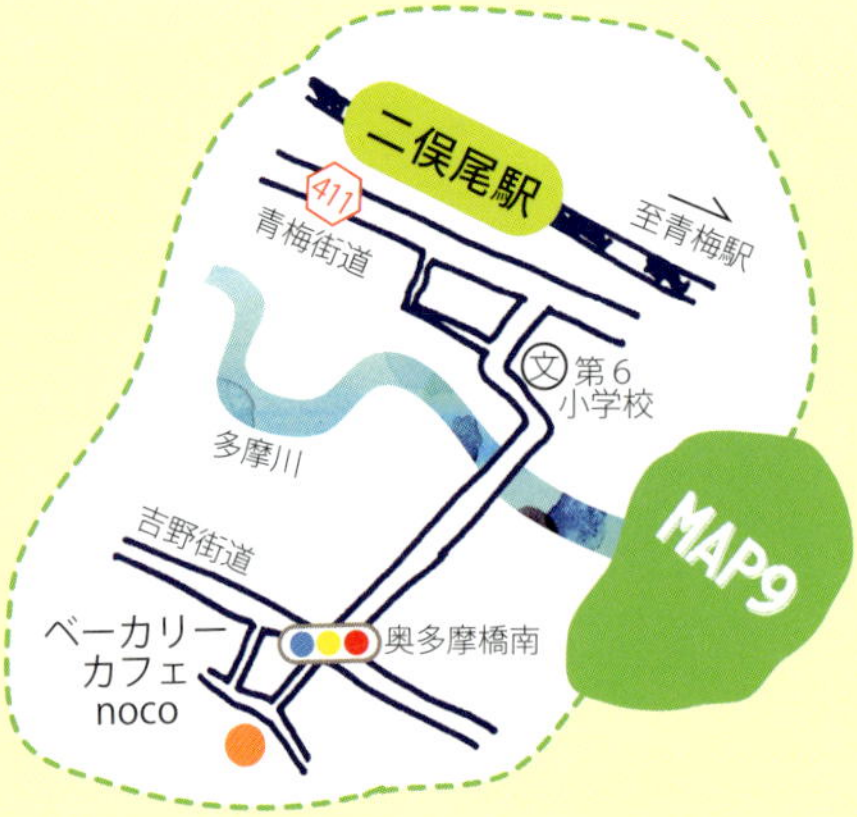
MAP9
二俣尾駅
411
青梅街道
至青梅駅
第６
小学校
多摩川
吉野街道
ベーカリー
カフェ
noco
奥多摩橋南

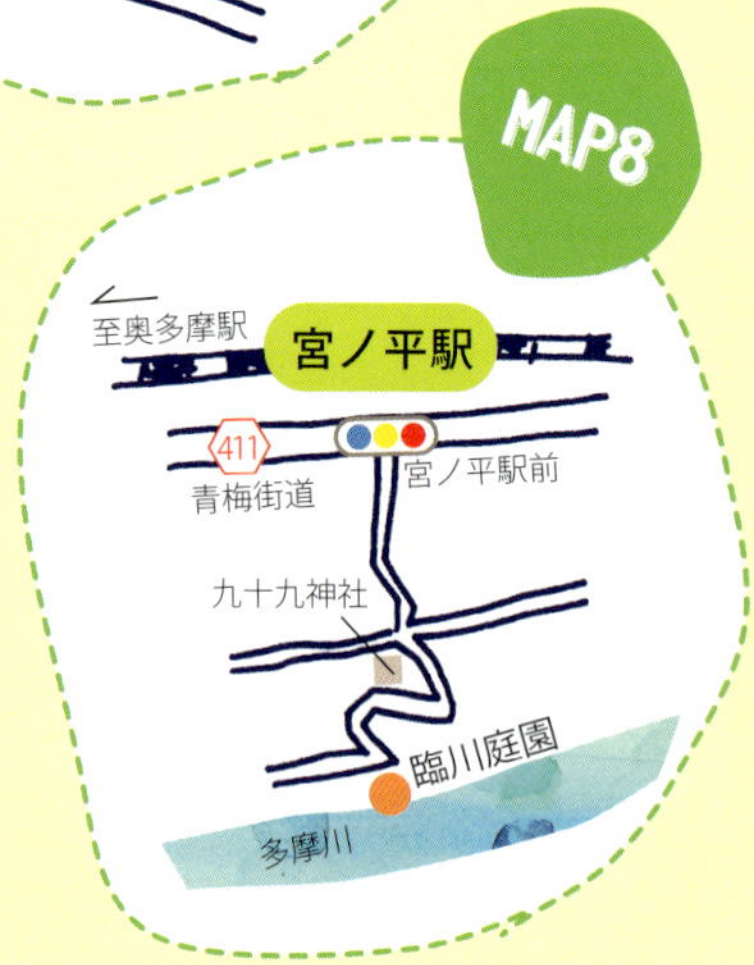
MAP8
至奥多摩駅
宮ノ平駅
411
宮ノ平駅前
青梅街道
九十九神社
臨川庭園
多摩川

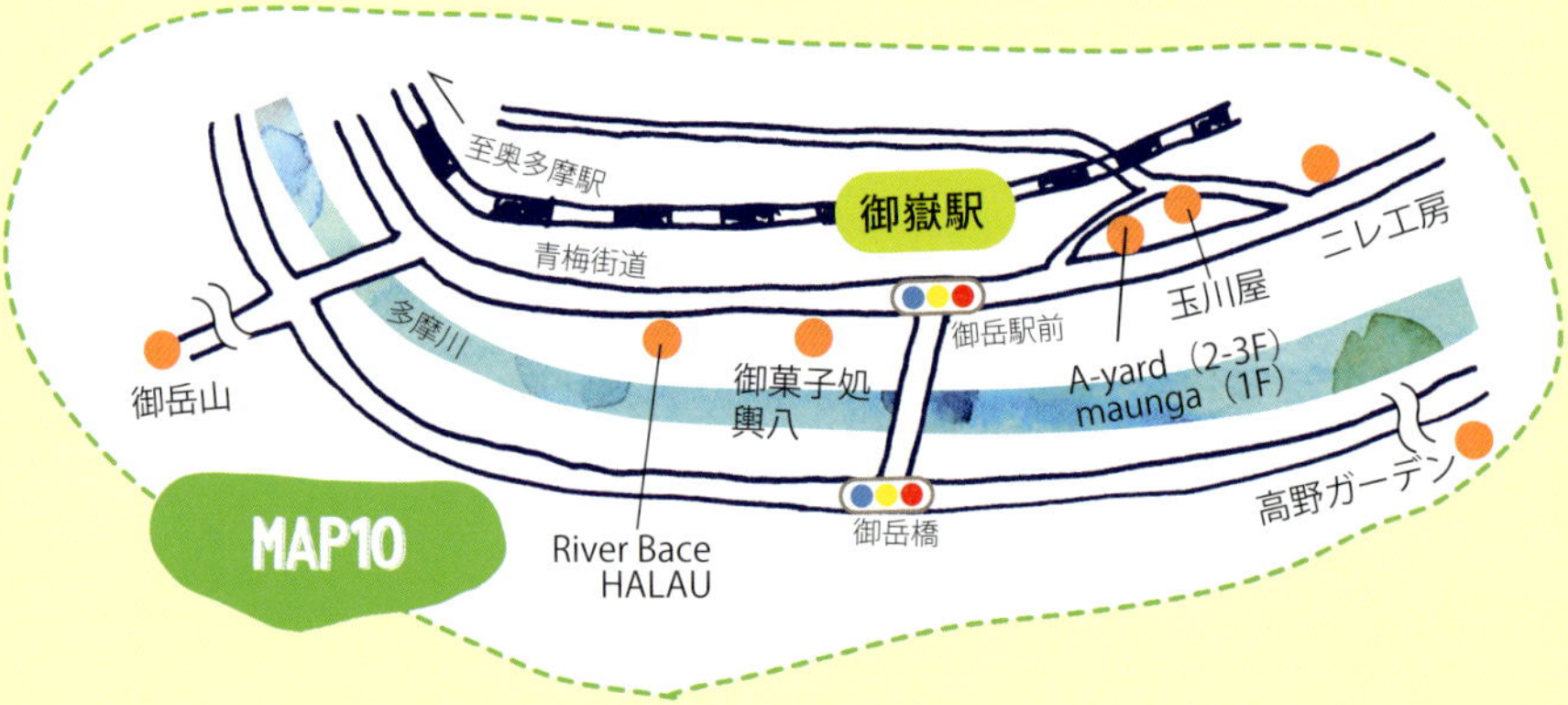
至奥多摩駅
御嶽駅
ニレエ房
青梅街道
玉川屋
多摩川
御岳駅前
御岳山
御菓子処
輿八
A-yard（2-3F）
maunga（1F）
高野ガーデン
MAP10
River Bace
HALAU
御岳橋

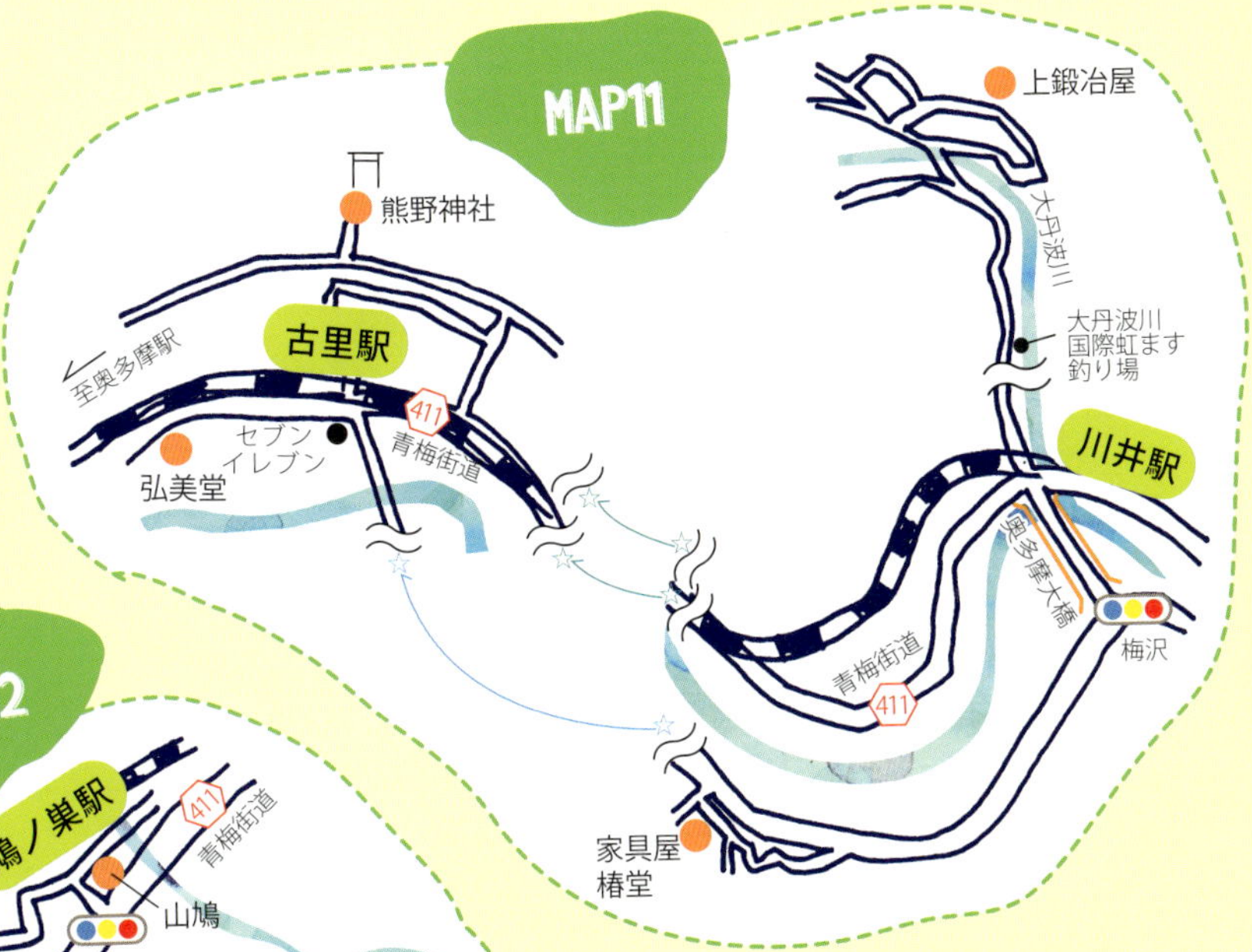
MAP11
上鍛冶屋
熊野神社
古里駅
至奥多摩駅
411
セブン
イレブン
青梅街道
弘美堂
大丹波川
大丹波川
国際虹ます
釣り場
川井駅
奥多摩大橋
梅沢
青梅街道
411
家具屋
椿堂

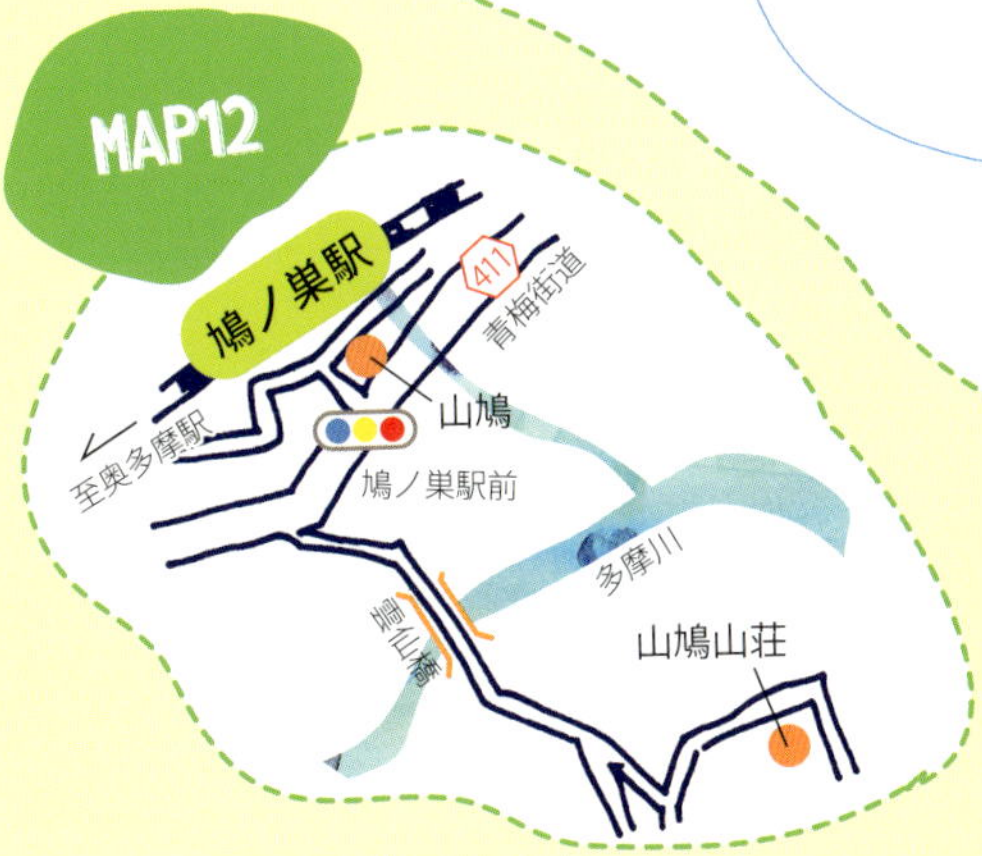
MAP12
鳩ノ巣駅
411
青梅街道
山鳩
至奥多摩駅
鳩ノ巣駅前
多摩川
雲仙橋
山鳩山荘

MAP13
奥多摩リバーサイド
カフェawa
せせらぎの里
美術館
川井駅
至奥多摩駅
御嶽駅
梅沢
411
青梅街道
御岳橋

MAP14
至奥多摩駅
軍畑駅
沢井駅
沢井駅
入口
軍畑駅
入口
小澤酒造
澤乃井園
煉瓦堂朱とんぼ
櫛かんざし美術館
御嶽渓谷
遊歩道入口

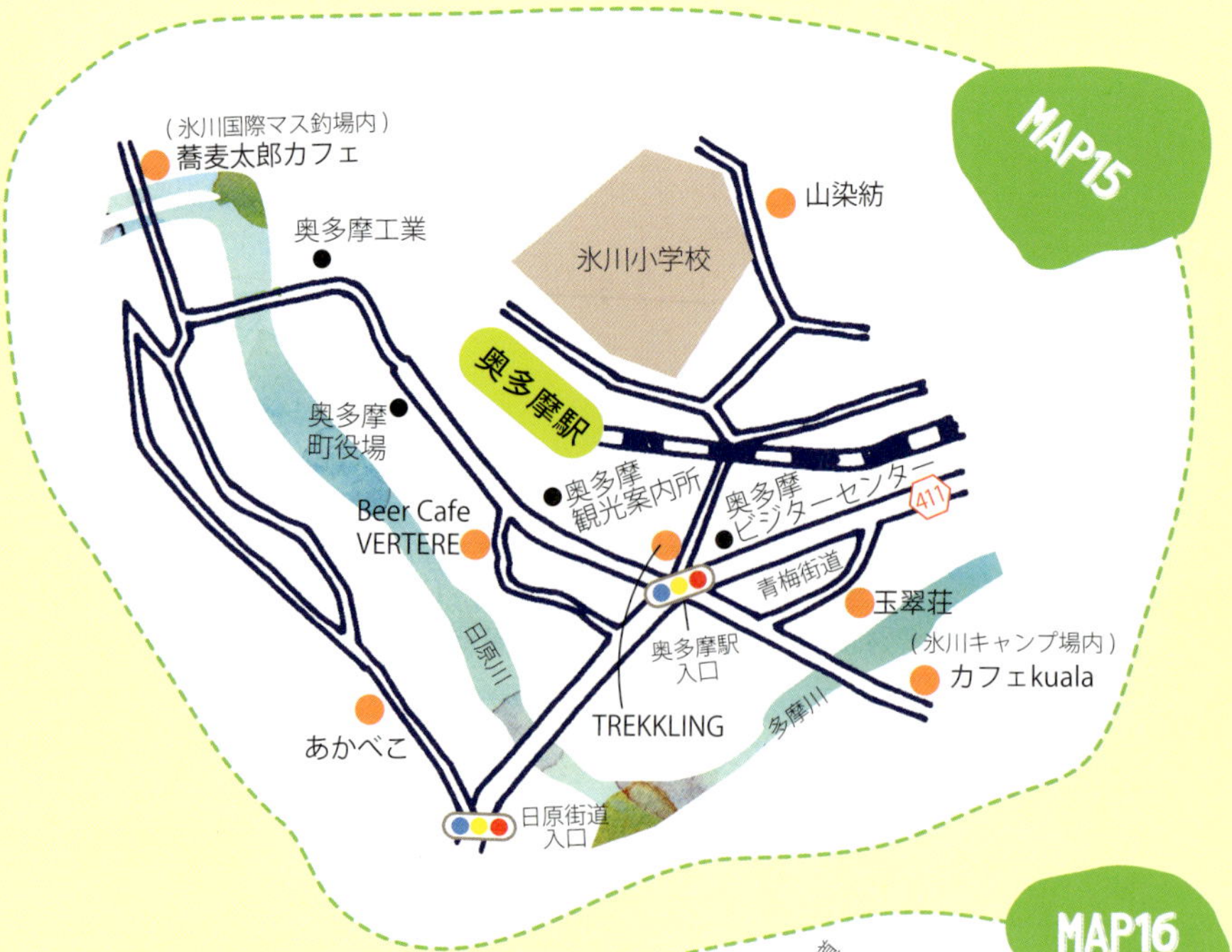
MAP15
（氷川国際マス釣場内）
蕎麦太郎カフェ
奥多摩工業
氷川小学校
山染紡
奥多摩駅
奥多摩
町役場
Beer Cafe
VERTERE
奥多摩
観光案内所
奥多摩
ビジターセンター
411
青梅街道
玉翠荘
奥多摩駅
入口
（氷川キャンプ場内）
カフェkuala
日原川
多摩川
TREKKLING
あかべこ
日原街道
入口

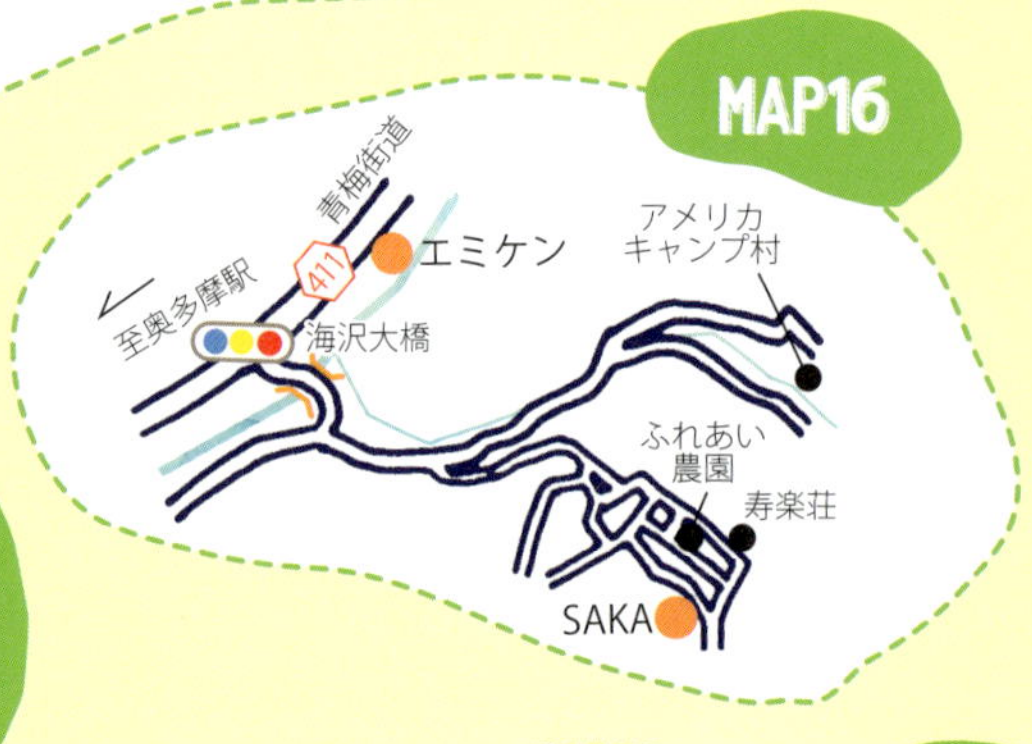
MAP16
青梅街道
411
エミケン
至奥多摩駅
海沢大橋
アメリカ
キャンプ村
ふれあい
農園
寿楽荘
SAKA

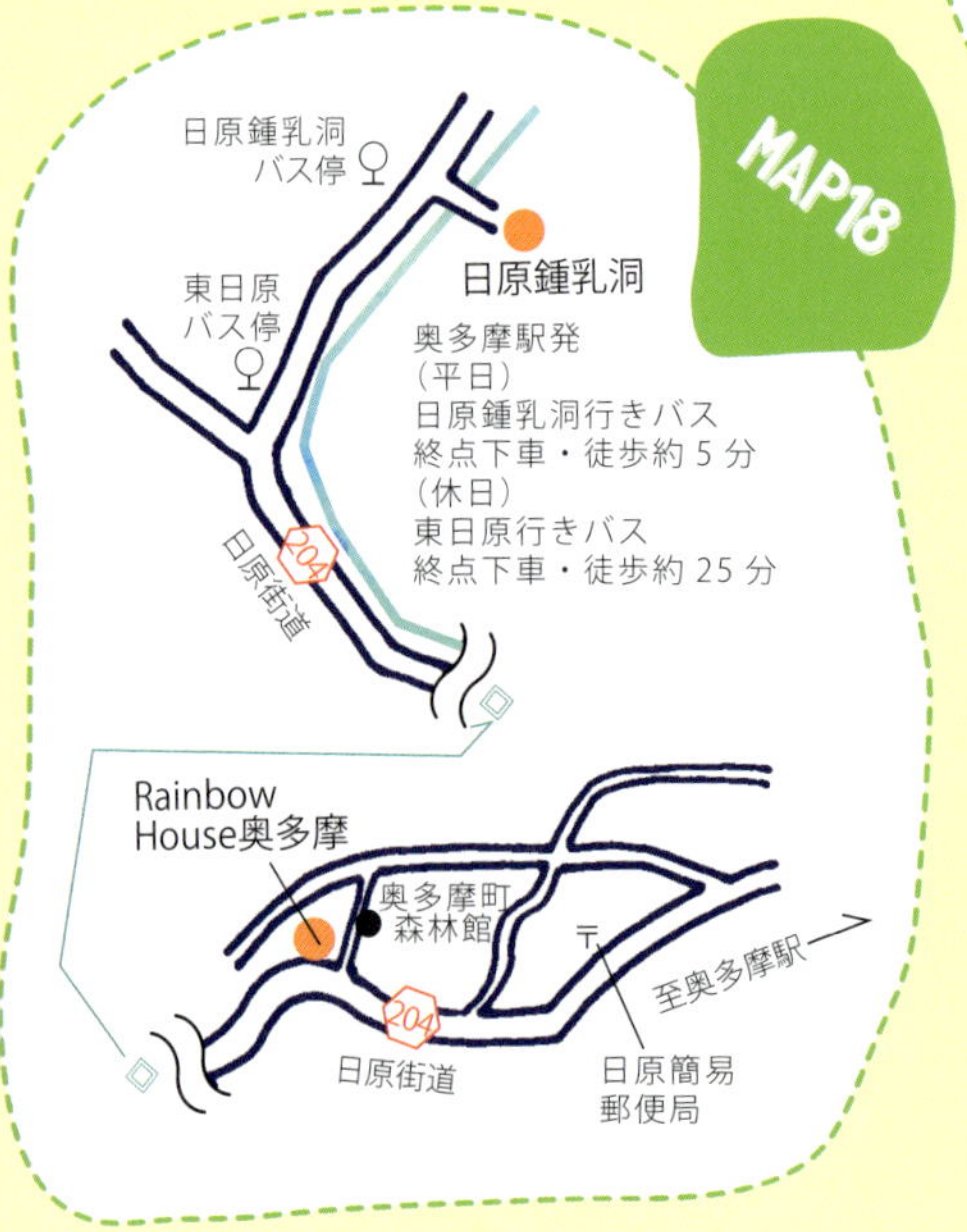
MAP18
日原鍾乳洞
バス停
日原鍾乳洞
東日原
バス停
奥多摩駅発
（平日）
日原鍾乳洞行きバス
終点下車・徒歩約 5 分
（休日）
東日原行きバス
終点下車・徒歩約 25 分
204
日原街道
Rainbow
House奥多摩
奥多摩町
森林館
至奥多摩駅
204
日原街道
日原簡易
郵便局

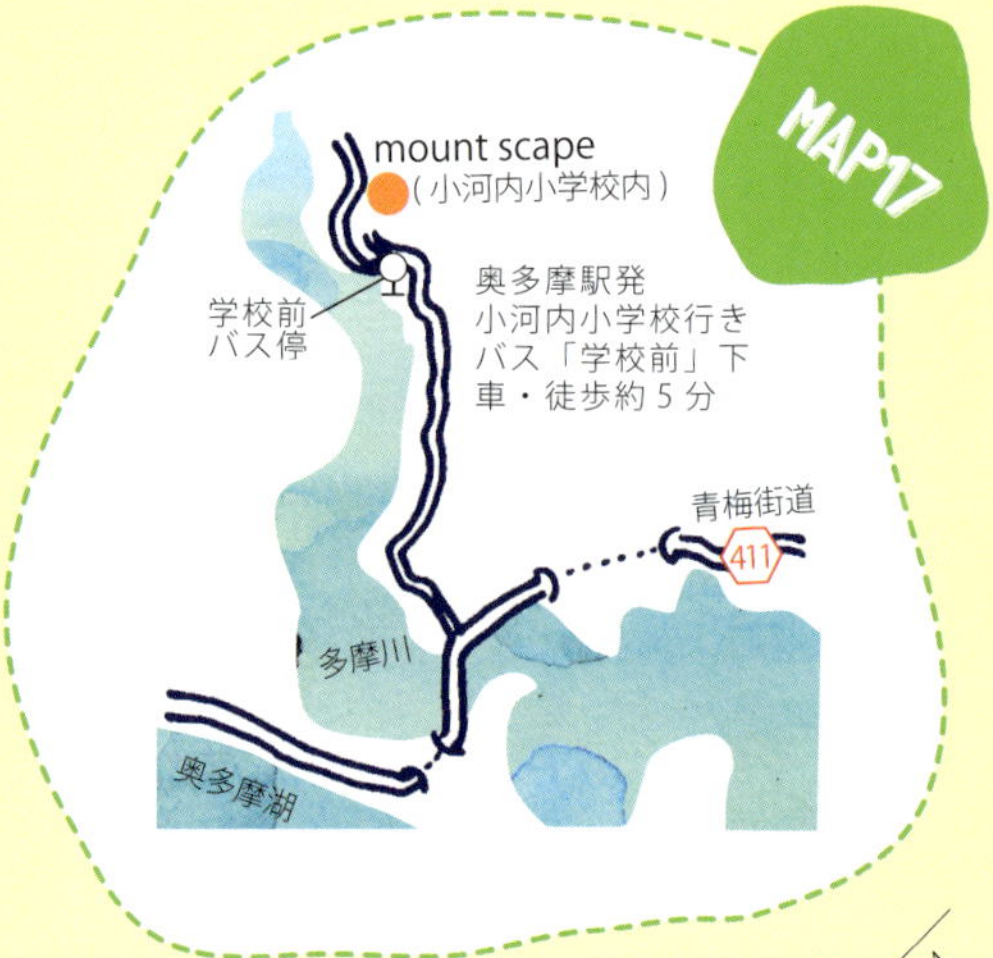
MAP17
mount scape
（小河内小学校内）
学校前
バス停
奥多摩駅発
小河内小学校行き
バス「学校前」下
車・徒歩約 5 分
青梅街道
411
多摩川
奥多摩湖

おわりに

「東京の庭　青梅～奥多摩 小さな旅」いかがでしたか？

私は、息が詰まりそうなとき、疲れたとき、足を伸ばして奥多摩行きの電車に乗り込みます。車窓から見る木々や川の光の反射、行った先で出会うおいしい食べ物や人々との会話、そうしたものが放つキラキラとした光がちょっと視点を変えさせてくれて、そのおかげで呼吸を深くし、リラックスすることができます。

この本には、そんな自然と、日常町の中でふれることのできるあたたかい人々のキラキラが詰まっています。

実は、取材に行った先で聞いたおすすめのお店や場所など、この本に納めきれないことがまだまだあります。どうぞ、みなさんご自身でお出かけして、自分だけの旅を体験してください。

東京の庭 青梅〜奥多摩 小さな旅

2016年4月2日発行

撮影・文・デザイン
cocon制作室（小城さほり、髙野多恵子）

編　集　三森奈緒子

発行人　小崎奈央子
発行所　株式会社けやき出版
〒190-0023　東京都立川市柴崎町3-9-6
Tel 042-525-9909
Fax 042-524-7736
http://www.keyaki-s.co.jp

印刷所　株式会社サンニチ印刷

ISBN 978-4-87751-555-3 C0026

※掲載データは2015年9-12月取材時のものです。
※価格は税別です。